AF238542

Torkild Hinrichsen

Weihnachten in Dänemark

Dansk Jul

Ein Bild-ABC zu
Festbräuchen, Liedern und Rezepten

Husum

Umschlaggestaltung: Johan und Pietro Krohn, „Peters Jul", 1866
vorn: Hampelmann aus historischem Bilderbogen
hinten: Applikationen („kludeklip") aus einer dänischen Handarbeitsdecke

Erschienen aus Anlass der gleichnamigen Ausstellung (2003) im Altonaer Museum
in Hamburg – Norddeutsches Landesmuseum

Herausgeber: Dr. Torkild Hinrichsen

Protektor der Ausstellung und des Buches: Niels Steen Høyer,
königlich dänischer Generalkonsul in Hamburg

Bildnachweis
Fotografien – Torkild Hinrichsen: S. 6, 7, 15 u, 23, 33, 36 o, 42, 45, 48, 52, 57, 61, 65 o,
                    66, 71, 75, 76, 77, 81, 83, 87, 88, 89, 91, 93, 100, 102,
                    105, 106
            Ulrike Bunzel-Hinrichsen: S. 44, 95
            Gunver Hinrichsen: S. 82
            Regina Meinecke: S. 15 o, 26
            Günter Pump: S. 101
            Firmen-Archive: Glyngøre: S. 96
                        Haandarbejdets Fremme: S. 11
                        Kappa Dansk Kraftemballage: S. 31
                        Løgum Kloster Lys A/S: S. 49
                        Royal Scandinavia: S. 36, 72, 84
Historische Fotografien, Postkarten und Graphik: Sammlung Torkild Hinrichsen
Falt-Anweisungen und Papier-Schnittmuster: Torkild Hinrichsen

Bibliografische Information der Deutschen Nationalbibliothek

Die Deutsche Nationalbibliothek verzeichnet diese Publikation in der Deutschen
Nationalbibliografie; detaillierte bibliografische Daten sind im Internet
über http://dnb.dnb.de abrufbar.

4. überarbeitete Auflage 2014
© 2003 by Husum Druck- und Verlagsgesellschaft mbH u. Co. KG, Husum
Gesamtherstellung: Husum Druck- und Verlagsgesellschaft
Postfach 1480, D-25804 Husum – www.verlagsgruppe.de
ISBN 978-3-89876-121-5

Dansk Jul

Wenn du gegen Weihnachten in die Hauptstadt kommst, nach Kopenhagen, darfst du nicht versäumen, das Kunstindustrimuseet aufzusuchen. Natürlich sollst du da einen Blick auf das schöne dänische Kunstgewerbe werfen, aber nur einen kurzen, denn diesmal schaust du besser nur auf das Gebäude. Es war zuvor das alte Frederiks Hospital, und das hat mit „Dansk Jul" eine Menge zu tun. In diesem Vorgänger des Rigshospitalet residierte nämlich Tante Magdalene, Schwester meines Urgroßvaters.

Magdalene Clemmensen war „plejemor", Oberin der Krankenpflege, in der chirurgischen Abteilung. In ihrer knappen freien Zeit arbeitete sie das ganze Jahr auf das Weihnachtsfest hin, für alle, die ans Bett gefesselt der Gesundung harrten und zum Fest nicht nach Hause konnten. In jedem der Krankensäle gab es einen geschmückten Weihnachtsbaum und Magdalene hatte für jeden ein Geschenk, das sie selbst auf die Bettdecke legte, „garnnisser", denn ihr spärliches Gehalt er-

Krankensaal zu Weihnachten, Frederiks Hospital, Kopenhagen, um 1900

laubte nur Selbstgemachtes. Was „garnnisser" sind? Das sind natürlich Nisser (ein Hauskobold, siehe: Nisse) aus Garn, Wollgarn in Rot oder Grau, rot bemützt, ganz so wie wirkliche Nisser aussehen, wenn du sie sehen solltest. Leicht waren sie, um die Kranken nicht über Gebühr zu belasten, und klein genug, der Krankenpflege nicht im Weg zu sein. Nach Genesung wurden sie mit heimgenommen, um sich im nächsten Jahr zu der übrigen Pracht auf all den Weihnachtsbäumen im Lande zu gesellen. Magdalene wohnte im Hospital, und in ihrer kleinen Stube quollen mit fortschreitendem Jahr die Nisser aus dem Nähkorb, ein Zeitmesser besonderer Art, bis es dann so weit war und es ohnehin wegen Überfüllung

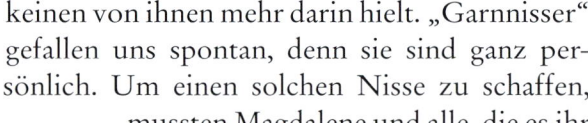

keinen von ihnen mehr darin hielt. „Garnnisser" gefallen uns spontan, denn sie sind ganz persönlich. Um einen solchen Nisse zu schaffen, mussten Magdalene und alle, die es ihr nachtun, mit der Rechten das Garn um die gesammelten Finger der linken Hand wickeln, viele Runden, wie bei einem Stück losem Bindfaden. So wird die Größe des Nisses bestimmt vom Maß der Hand, von der so eine Spur bleibt. Der „garnnisse" ist wie der Händedruck dieser fleißigen Frau, der, wie man sagt, Humor zwar völlig fremd war, was in den frühen Jahren der Krankenpflege nicht verwundern mag, deren Freude es aber war, anderen Freude zu bereiten. Auch uns, im Nachhinein. Und leider auch dem Zahn der Zeit und Motten, die „garnnisser" über alles lieben. So hat es nur einer überstanden, der Letzte von den vielen, vielen, und er hat Weihnachtsbäume gesehen und daran gehangen noch und noch.

Das dänische Weihnachtsfest lebt von solchen Frauen wie Magdalene. Sie sind die Träger der Weihnachtstradition.

Dieser Band präsentiert zum ersten Mal im deutschsprachigen Raum eine umfassende Darstellung der charakteristischen Form des dänischen Weihnachtsfestes. Vorchristliches hat sich mit den christlichen Glaubenswelten vermengt, nationale Eigentümlichkeiten mit Übernahmen aus dem Süden, besonders Deutschland. Die Herzogtümer Schleswig und Holstein spielen dabei die Rolle des Vermittlers, auch für den Weihnachtsbaum, der 1811 zuerst in Kopenhagen leuchtete. So schreibt dieser Band mein Buch „Weihnachten in Norddeutschland" (Husum 1999) in idealer Weise fort, und es war natürlich, die darin bewährte Gliederung eines ABC wieder zu nutzen. Endlich erhalten wir Antworten auf die Fragen,

warum die Dänen um den geschmückten Baum tanzen und was die Girlanden dänischer Flaggen daran zu suchen haben. Auch wird das Geheimnis gelüftet, wie die berühmten Flechtherzen hergestellt werden. Schnittmuster ermöglichen den Nachbau dieses und anderen klassischen dänischen Papierschmucks. Keine Frage, dass auch der allgegenwärtige Nisse uns aufklären muss, wo er eigentlich herkommt und wie er es geschafft hat, fast alle christlichen Symbole des Weihnachtsfestes in Dänemark in den Hintergrund zu drängen.

Auch erfahren wir von den berühmten dänischen Spezialitäten, der Zusammensetzung des „julefrokost", und haben so die Möglichkeit, uns dem Klippfisch gefahrlos zu nähern. Wer schon immer „klejner" und „æbleskiver" backen wollte – hier gibt es Hilfe dazu.

So haben wir Gelegenheit, unsere dänischen Nachbarn anders zu erfahren als durch das Mieten eines dänischen Fe-

Nissegarde, Tondern, Dezember 2002

rienhauses. Wir können auch Bekanntschaft mit der Sprache machen, etwa durch Auszüge aus den wichtigsten dänischen Weihnachtsliedern, die hier dem Leser erstmals in Deutsch vorliegen.

Glædelig Jul og Godt Nytår

ønsker
Torkild Hinrichsen
Altona, Mikkels dag 2003/2014

Weihnachten und Neujahr, die Grenze vom alten zum neuen Jahr, musste reich sein an Zeichen und Wundern, die sich auf den Ablauf, das Gedeihen und das Wetter im neuen Jahr beziehen ließen. Diese „varsler" (Zeichen) begegnen uns noch in der Redewendung „efter alle solemærker (oder: julemærker) at dømme", soweit sich nach allen Sonnen- oder Weihnachtsmarken voraussagen lässt. Dies bezieht sich auf die Tradition der ländlichen Bevölkerung, eine Art Langzeit-Wetterkalender in der Stube zu fertigen, der ausgehend vom Wetter in der Weihnachtszeit Prognosen für das ganze Jahr ermöglichte. Mit dem Messer zog man zwölf tiefe Kerben in den Deckenbalken und umgab sie mit jeweils einem Kreidekreis, für zwölf Weihnachtstage bzw. für zwölf Monate. War der erste Weihnachtstag bewölkt, würde der ganze Januar es auch sein, und zum Zeichen ließ man den ganzen Kreidekreis stehen. War beispielsweise der dritte Weihnachtstag klar, wischte man den dritten Kreis aus und hoffte auf das Eintreffen eines sonnigen März usw.

Wetterorakel
um 1830
(Dahlerup 1941)

B. Dahlerup.

B. Dahlerup

Viele Redewendungen nutzen in ähnlicher Weise das Weihnachts-
wetter als prophetisches Zeichen. So deuten weiße Weihnachten
(siehe auch: Schnee) auf grüne Ostern und grüne Weihnachten auf
weiße Ostern.

Am Weihnachts- oder Neujahrsabend nahm der Bauer drei Löffel
voll Weihnachtsgrütze und klatschte sie nebeneinander auf den
Boden, wobei er sie Roggen, Hafer und Gerste nannte. Dann kam
der große Moment für den Hofhund. Von der Kette und in
die Stube gelassen, machte er sich sofort über die Delikatesse
her. Fraß er nun zuerst den Kleks, der Hafer darstellte, würde dieses Korn im kommenden Jahr große Ausbeute geben.
Mitunter nutzten die jungen Leute die Methode auch als
Heiratsorakel. Besonderen Schutz genossen die
letzten überlebenden Stubenfliegen. Als „ju-
lefluer" prophezeiten sie die Anzahl gespar-
ter Taler im neuen Jahr. Als Orakel diente
auch bis jüngst das Schlüsselbein der Gans, das
„ønskeben".

Zukunftsschau:
Hund und Grütze
(Dahlerup 1941)

„Ønskeben"
(Wunschbein)
der Gans

9

Advent

Adventus Domini, die Ankunft des Herrn, ist die kirchlich-lateinische Wurzel des Begriffs Advent, das 4-wöchige Warten auf das große Fest. Der erste der vier Sonntage bezeichnet den Beginn des Kirchenjahres. In katholischer Zeit wurde, wie vor Ostern, gefastet. Gemütliche Adventsnachmittage mit Kaffeetisch und Adventskranz sind wie in Deutschland auch in Dänemark erst nach dem Zweiten Weltkrieg allgemein verbreitet.

TV-Julekalender
1995

Adventskalender – Julekalender

Der Adventskalender hat seine Wurzeln im Rauhen Haus bei Johann Heinrich Wichern. 1851 befestigte er in der Adventszeit für die Kinder täglich ein neues Bildchen an der Wand, bis mit 24 Weihnachten erreicht war. Seit etwa 1900 wird die Sache kommerzialisiert als Pappkalender, zuerst in der Form einer Weihnachtsuhr (Hamburg 1902), deren Zeiger täglich weitergestellt wird. Die Türchenkalender scheinen erst nach dem Ersten Weltkrieg aufzutreten. Den ersten dänischen Kalender produziert Chr. Olsens Kunstforlag 1933 in Kopenhagen offenbar nach deutschen und englischen Vorbildern. Fast gleichzeitig erreicht er Schweden, auf Initiative des Verbandes der Pfadfinderinnen (1932). Besonders beliebt werden in Dänemark in den 1950er-Jahren dreidimensionale Modelle, etwa eine Lokomotive oder ein Auto mit dem Weihnachtsmann, ebenfalls mit Türchen. Eine in Vergessenheit geratene, selbst gemachte Kalenderform ist der Kalenderigel, eine große, in Silberpapier eingewickelte Kartoffel mit Holzbeinen, Augen und Schnauze und 24 eingesteckten Stacheln aus Streichhölzern oder Zahnstochern, die man Tag für Tag entfernt. Eine andere Möglichkeit zum Zeitmessen ist die Kalenderkerze, die, versehen mit Merkringen oder hineingedrückten Schrotkugeln, täglich ein Stück weiter hinunterbrannte und wohl meist selbst gemacht war. Der größte Kerzenhersteller, Asp-Holmblad, stellte seit 1942 Kerzen mit Datumsanzeige her.

Stickbild als julekalender, Haandarbejdets Fremme

In der Schule entwickelte sich eine eigene Kalenderform. Der Lehrer zeichnete an die Tafel einen Tannenbaum oder Tannenzweig mit Kerzen. Tag für Tag durfte ein anderer Schüler dem nächsten Licht eine Flamme aufmalen.

Eine speziell dänische Kalenderform ist der selbst gemachte Ringkalender an der Wand, der nicht nur an Kinder, sondern auch erwachsene Freunde gern verschenkt wird. An jedem der nummerierten Ringe hängt ein kleines Geschenk. Eine Besonderheit ist auch der „julekalender" im Radio oder im Fernsehen, die seit 1962 jährlich eine neue gestückelte Geschichte senden, deren Fortgang ungeduldig auch von den Erwachsenen erwartet wird. Seit 1977 gibt es außerdem einen Pappkalender, der als „Børnenes Ulandskalender" der Entwicklungshilfe Geld zuführt (siehe auch: Radio).

Der Adventskranz verbreitete sich in Dänemark erst seit etwa 1940. Zuvor begegnet man ihm als ausgesprochen örtlichem Phänomen, zuerst wohl in der Herrnhuter Brüdergemeinde im 1773 gegründeten Städtchen Christiansfeld (Nordschleswig). Eine weitere Initiative stammt von Johann Heinrich Wichern, der im Rauhen Haus in Hamburg in der Vorweihnachtszeit einen Lichterkranz aufhängte. Populär wurde der Adventskranz erst in der Folge des Ersten Weltkriegs, als ihn Verwundete aus ganz Deutschland in den Lazaretten gesehen hatten. Als protestantisches Phänomen breitet sich die Sitte von Norden nach Süden innerhalb Deutschlands aus, in Dänemark in der Folgezeit von Süden nach Norden. Die Frau eines Oberarztes in Apenrade erinnert sich an ihre Kindheit in Thüringen, wo sie bei der Großmutter 1888 einen Lichterkranz gesehen hatte. Sie lässt Adventskränze aus Tanne für ihr Heim und für das Krankenhaus des Mannes binden. Von hier verbreitet sich die Sitte in den 1920er-Jahren über die „højskoler" (Heimvolkshochschulen). Um 1940 nehmen sich die Blumenhändler der Sache an. In der „dunklen Zeit" während der deutschen Besatzung Dänemarks ist der Kranz fortan ein leuchtendes Symbol der Hoffnung. Gleichzeitig bestellen auch die Besatzer Adventskränze, wie zu Hause. Die Weihnachtswohlfahrtsmarke (julemærke,

Helge und Karen
Merete,
Frederikshavn 1954

siehe: Briefmarke) zeigt 1946 den Kranz in den dänischen Weihnachtsfarben: Grün mit Rot (Bänder) und Weiß (Kerzen). Manchmal hat man auch rote Kerzen und weiße Bänder oder weiße und rote Bänder wie beim Danebrog (siehe: Farben).

H. C. Andersen

Hans Christian Andersen (1805–1875), im Ausland noch heute der bekannteste Däne, hat sich nicht nur in mehreren Märchen mit Weihnachten befasst. Er hat eine ganz besondere Beziehung und jährlich große Erwartungen an dieses Fest.
Er schneidet in Mengen Weihnachtsschmuck aus Papier, um es den Freunden zu schenken, und versieht seine Weihnachtsgeschenke mit selbst gedichteten „juledeviser" (siehe: Julklapp).

H. C. Andersen liest, um 1850

An den Freund, Ballettdirektor August Bournonville in Kopenhagen, schreibt er 1855:
„Lieber Freund ... ich ... male in Hast Stücke der Heimat, wo alles nun in eiliger Bewegung für das Weihnachtsfest ist; die Tannenbäume sind schon auf dem Markt, das Spielzeug strahlt durch die halb gefrorenen Fenster und ich selbst stehe, wie immer vor Weihnachtsabend, am Tisch gefüllt mit buntem Papier. Um Schlösser zu schaffen, Ritter und Damen sowie alle möglichen Merkwürdigkeiten (underligheder) für die Weihnachtsbäume der Freunde."
„Am Weihnachtsabend stand ein großer, herr-

lich geschmückter Weihnachtsbaum in dem alten Rittersaal ... Hier versammelten sich die Herrschaft und die Gäste, ... Schon früher am Abend hatte die Herrschaft für die Weihnachtsfreude in der Gesindestube gesorgt. Auch hier stand ein großer Tannenbaum mit brennenden roten und weißen Lichtern, mit kleinen Flaggen, von buntem Papier ausgeschnittenen Schwänen und Netzen, welche mit Zuckergebäck aller Art gefüllt waren. Die armen Kinder der Kirchengemeinde, wozu der Herrenhof gehörte, waren ebenfalls eingeladen, und mit den Kindern folgten natürlich auch die Mütter: Diese hatten jedoch wenig Aufmerksamkeit für den Christbaum, sondern ihre Blicke suchten die Weihnachtstische, auf welchen die Geschenke ausgebreitet lagen, welche aus Wollzeug und Leinwand, aus Rock- und Hosenzeugen bestanden. Ja, dahin schauten die Mütter und die erwachsenen Kinder, nur die ganz kleinen streckten die Hände nach den Lichtern, dem Flittergold und den Fähnchen aus." (Aus dem Märchen „Krøblingen", „Der Krüppel")

Andespil – Entenlotterie

Die Ente stellte für die kleiner werdenden Familien so etwas wie eine kleine Gans dar. Sie war billiger und leichter zuzubereiten, aber noch in der Zeit vor etwa 1960 längst nicht für jeden erschwinglich. So veranstalteten Handwerkervereine, sozialdemokratische und gewerkschaftliche Gruppierungen Verlosungen für ihre Mitglieder, die das Jahr über kleine Beträge eingezahlt hatten. Durch Großeinkauf etwa im Konsumverein (brugsforeningen) war man preiswert an die Enten gekommen. Heute ist das „andespil" zunehmend ein vorweihnachtlicher Spaß, verbunden mit dem aus England kommenden Lotto „Bingo". Man kauft die Spielbretter, Nummern werden gezogen und ausgerufen. Viele Trostpreise versöhnen die Verlierer, und der Überschuss geht der weihnachtlichen Sozialarbeit zu. Auch in der Dänischen Seemannskirche in Hamburg kann man das „andespil" in der Vorweihnachtszeit miterleben.

Ausstellung – Juleudstilling

Weihnachtsausstellungen waren in Deutschland schon um 1800 für Gastwirte eine Möglichkeit, zusätzliche Gäste anzuziehen. Später lebte sich das Spektakel in den Städten als Verkaufsanimation der Läden und Kaufhäuser aus. Auch in Dänemark waren Straßen und Plätze dekoriert und mit einbezogen. Voraussetzung war die künstliche Beleuchtung, anfangs mit Gas, später elektrisch. Um 1850 beschreibt Peter Faber (siehe dort): „se butikken, hvor den straaler smukt". Mittelpunkt des Ganzen war und ist der „öffentliche" Weihnachtsbaum (byens juletræ), meist vor dem Rathaus. Den ersten in Dänemark ließ die Tageszeitung Politiken 1914 in Kopenhagen aufstellen, sensationell mit elektrischen Birnen beleuchtet. Die Provinz konnte da erst viel später mithalten. Und so unternahm man von weither die Reise in die Hauptstadt, um die Weihnachtsausstellung zu erleben. Wohlgemerkt lange bevor man auch in jedem dänischen Vorgarten einen beleuchteten Außenweihnachtsbaum haben musste.

Die besondere Attraktion in den Schaufenstern waren ganze Szenerien, Märchen und Weihnachtsgeschichten mit beweglichen Figuren, die zuerst in Thüringen konstruiert wurden und von dort nach Dänemark gelangt sein dürften (siehe auch: Markt).

Weihnachtsbeleuchtung in Kopenhagen, Dezember 2002

Juleudstilling, Apenrade, Dezember 2002

Basar

Nicht mit den gleichnamigen Weihnachtsmärkten in deutschen Gastwirtssälen zu verwechseln ist der „julebasar", seit mehr als einem Jahrhundert eine feste dänische Traditon, die man auch in den skandinavischen Kirchen in Hamburg erleben kann. In Deutschland ist dieses Phänomen erst in den letzten 30 Jahren häufiger geworden. Typisch im Angebot ist das selbst Gemachte, Gestrickte, Genähte und Gehäkelte vom Damenhandarbeitskreis der Gemeide sowie zusammengebettelte Waren aller Art, die für den guten, sozialen Zweck gekauft oder per Los gewonnen werden können, bevor man Kaffee und selbst gebackenen Kuchen zu sich nimmt.

Illustration aus:
Ved Julelampens
Skær, 1950
(Herold Jensen)

Baum – Juletræet

Ohne geschmückten Tannenbaum, „juletræet", ist auch in Dänemark das Familien-Weihnachtsfest völlig unvorstellbar. Er ist Mittelpunkt des Ganzen und übertrifft an Wichtigkeit oft den christlichen Inhalt des Festes. Das ist nicht unbedingt ein Widerspruch. Auch in den bekannten jüdischen Familien in Kopenhagen war seit der Mitte des 19. Jh. der Tannenbaum unverzichtbar, etwa beim Tabakfabrikanten Hirschsprung (auf den das gleichnamige Kunstmuseum zurückgeht). Viggo Johansens großartiges Gemälde vom Tanz um den Weihnachtsbaum (1891) hatte Hirschsprung das ganze Jahr über als Lieblingsbild hängen.

Der Tannenbaum im Sinne eines Weihnachtsbaumes ist ein ausgesprochen nordeuropäisches Phänomen, eine protestantische Erfindung, die Katholiken erst relativ spät zuließen. Der dänische Weihnachtsbaum ist eine Übernahme aus Deutschland. Ursprünglich standen solche Bäume in deutschen Zunfthäusern, so um 1570 in Bremen, aufgestellt für die Kinder der Mitglieder und behängt mit Leckereien und Papierblumen. Von dort übernahm der Adel die Sitte. Beispielsweise hat Goethe seinen ersten Weihnachtsbaum 1822 bei seinem Dienstherrn Herzog Carl August kennen gelernt: „Bäume leuchtend, Bäume blendend/ Überall das Süße spendend …" In Norddeutschland begegnet uns 1796 ein früher Baum im Wandsbeker Schloss unter Anwesenheit von Matthias Claudius und Klopstock. Wandsbek gehörte zum dänischen Gesamtstaat, in dessen südlichster Ecke es lag. Trotzdem

„Juletræet", Norske Folke- og Børne-Eventyr, Jahrg. 1866

blieb derlei im Norden zunächst Einzelerscheinung. In Hamburg setzt sich der Brauch erst im ersten Viertel des 19. Jh. im Großbürgertum durch. In Schleswig-Holstein leuchtet der Baum in den 1820er- und 1830er-Jahren in den Städten. Die Landgebiete erreicht er erst viel später. Auch hier sind es die Güter und der Adel, die zuerst Weihnachtsbäume schmücken, vielfach inspiriert durch ihre deutsche Verwandtschaft. Auf diesem Weg erreicht der Baum schließlich auch Dänemark. So ist überliefert, dass die Gräfin Wilhelmine Holstein für ihre kleine Tochter auf dem Gut Holsteinborg (südl. Seeland) 1808 den ersten Baum in Dänemark aufstellte.

IV. VED JULETRÆET

Åh, hvor det stråler! Nej, se dog blot,
hvor alle lysene skinne!
Og se, hvor træet er fuldt af godt!
En kat kan nu først jeg finde.
Og *der* er et horn og en svane—åh!
Og *der* er Pjerrot af sukker;
ham skal jeg rigtignok passe på,
når siden vi træet plukker.
Her hænger en hest under denne gren,
og *der* er en kurv med pærer.
Og *der* er en mand, nej, sikken en!
En tøffel på ryggen han bærer;
hvoraf han er lavet, jeg ikke ved.
Men se blot storken deroppe!

Aus: Johan und
Pietro Krohn,
„Peters Jul", 1866

Og kagedukker, som hænderne ned
i bukselommerne proppe!
Og æbler, hvis stilk er fint forgyldt,
og et par strømper af kage
og kræmmerhuse, som helt er fyldt
med ting, som jeg nok gad smage!
Og svøbelsebørn! Og se blot *der*
to frøer af chokolade!
Nej, kom! Der sidder en ugle her.
Åh, hvor vi alle er glade!
Og store figner i røde bånd
og grise og sukkerkranse!—
Bedstemor, kom, tag fat i min hånd!
Nu skal vi om træet danse.

19

Nach Kopenhagen kommt der Weihnachtsbaum dann auch durch einen Holsteiner, Martin Gottlieb Lehmann, 1775 als Sohn des Pastors in Haselau geboren. Er heiratete in Kopenhagen die Tochter des Bürgermeisters, Frederikke Louise Bech. 1811 erfreuten sie ihren 1810 geborenen ersten Sohn Orla (später ein bekannter Politiker) mit einem Lichterbaum, wie ihn der Vater als Kind im Pastorenhof seines Vaters bestaunt hatte. Eine Sensation in der Hauptstadt. Einer der Weihnachtsgäste berichtet: „Alle Zimmer zur Straße waren erleuchtet, besonders eines, und (auf der Straße) vor dem Fenster standen gegen 17 Uhr viele Menschen, die lauthals ihre Verwunderung ausdrückten. Es kursierte nämlich im ganzen Viertel das Gerücht, dass Leute in Ny Kongensgade gesehen hätten, wie einige Tage zuvor eine zimmerhohe Tanne hineingetragen worden sei. Die guten Leute rissen die Augen auf. Und es ging der Klatsch, der Baum habe gar brennende Kerzen an den Zweigen … Einige, die ihren großen Eifer nicht beherrschen konnten, anderen Menschen zum Fenster hineinzustarren, stiegen auf Leitern, um unter die Gardine hindurch hineinzulugen." Am Anfang nannte man die Neuerung eine deutsche Sitte. Tatsächlich waren andere frühe Weihnachtsbaum-Aufsteller in Kopenhagen aus Deutschland zugewandert. Etwa die Familie Mandix, wo der Dichterpfarrer Ingemann 1815 seinen ersten „juletræ" erlebt, da er mit der Tochter Lucie verlobt ist. Ingemann verarbeitet seine Eindrücke dichterisch in der „Reiselyre", die er 1819 in Rom schreibt, mit dem Weihnachtsbaum als Symbol des Lebensbaumes im Paradies. Aus Deutschland stammte auch die Familie Borries, wo Oehlenschlägers Frau und Kinder den Tannenbaum erlebten. 1813 hatten sie einen eigenen.

Mutter und Hausknecht:
„Peters Jul", 1866

In der Folge erreicht der geschmückte Baum die jütische Provinz: Studenten von der damals einzigen dänischen Universität in Kopenhagen tragen die Neuerung aus der

Hauptstadt in ihre neuen Wirkungskreise, die Pfarrhöfe und Lehrerhaushalte. 1822 wagt der Lehrer und Küster Jürgensen in Kolding einen Baum aufzustellen. Die kleine Provinzstadt hat damals noch nicht einmal eine Straßenbeleuchtung, und die Illumination löst eine Panik aus. Man glaubt an eine Feuersbrunst und eilt in Scharen herbei, um zu schauen. Außerhalb dieser studierten Haushalte setzt sich der Baum nur zögernd durch. Auch Peter Fabers (siehe dort) Tannenbaumlied von 1847/48, „Højt fra træets grønne top" und Johan Krohns „Peters Jul" (siehe dort) von 1866 werden hauptsächlich in diesen Kreisen gesungen und gelesen. Schwierig war außerdem der Bezug des Baumes. Wo kaufte man eine geschlagene Tanne? Faber erzählt, wie man sie in Kopenhagen auf dem Markt und im Straßenverkauf erwerben konnte, „midt paa gaden sælges træer og frukt".

Nach Weihnachten. Toppstern als Kinderorden. Zeichnung von Vilhelm Pedersen 1849 zu H. C. Andersen: „Grantræet"

1842 beschreibt H. C. Andersen erstmals den Baum als Hauptstadtphänomen (im Märchen „Hyldemor"). 1846 entsteht ein ganzes Märchen, „Grantræet", das, wie aus den Kerzen in drei Farben deutlich wird, einen Baum in Schleswig-Holstein beschreibt. 1848 erscheint „Den lille Pige med Svovlstikkerne" (siehe: Zündhölzer). Andersens Geschichte ist wie stets tiefgründig und doppelschichtig, vom Bäumchen, das mit seinem Hier und Jetzt nie zufrieden ist und selbst den Höhepunkt seines Lebens, als Weihnachtsbaum, nicht genießen kann: „Der Tannenbaum wurde in ein großes mit Sand gefülltes Fass gestellt … Sowohl die Diener als die Fräulein schmückten ihn. An einen Zweig hängten sie kleine, aus farbigem Papier geschnittene Netze, und jedes Netz war mit Zucker-

21

werk gefüllt. Vergoldete Äpfel und Walnüsse hingen daran ... und über hundert rote, blaue und weiße kleine Lichte wurden in den Zweigen festgesteckt. Puppen, die lebhaft wie die Menschen aussahen ... schwebten im Grünen, und hoch oben in der Spitze wurde ein Stern von Flittergold befestigt. Das war prächtig, ganz außerordentlich prächtig! ‚Heute Abend', sagten alle, ‚heute Abend wird er strahlen!' ‚Oh', dachte der Baum, ‚wäre es doch Abend!'"

Als in der ganzen Bevölkerung verbreitet kann man den Weihnachtsbaum in Dänemark wohl erst an der Schwelle zum Ersten Weltkrieg bezeichnen.

Ved Julelampens Skær,
Titelblatt 1967

Bibel

Die Weihnachtsgeschichte nach dem biblischen Bericht wird heutzutage am Weihnachtsabend oder ersten Weihnachtstag in den meisten Familien nicht mehr vorgelesen. Man begnügt sich mit der Lesung im kirchlichen Weihnachtsgottesdienst. Auf dem Lande jedoch war die Bibellesung bis weit ins 20. Jh. selbstverständlich.

Bock – Julebuk

Zu den Impulsen aus Schweden, die das dänische Weihnachtsfest bereicherten, gehörten der „julebuk", die aus Stroh gebundene Figur eines Ziegenbocks, Lucia (siehe dort), „glögg" (Punsch), Weihnachsstern (siehe: Könige) und rote, teils gedrechselte Holzdekorationen wie Kerzenhalter. Der Strohbock wurde erstmals um 1940 in dänischen Kunstgewerbeläden angeboten. Solche Böcke stellte man als spaßhafte Schreckfiguren ehemals in Schweden unter den Weihnachtstisch. Sie waren Abbilder vom übernatürlichen Weihnachtsgespenst, dem „julebuk", der als verkleideter Mensch in die festliche Stube oder während der Weihnachtsspiele (siehe dort) in die „julestue" (siehe dort) sich Einlass verschaffte und sich erst nach Bewirtung wieder davonmachte. Diese Sitte war in Dänemark noch um 1730 verbreitet. In Schweden hat sie sich bis in jüngste Zeit gehalten. Die Schrecknisse der dunklen Jahreszeit wurden durch den Darsteller des Weihnachtsbocks in konkrete Gestalt gepresst, sichtbar und damit unschädlich gemacht.

Weihnachtsbock aus Stroh, 2002

Die Verkleidung bildeten Bocksmasken aus Stroh oder Holz mit aufgesteckten echten Ziegenbockshörnern, für die übrige Vermummung des gebückt gehenden Spielers genügte eine Decke über den Rücken.

Die heute in Dänemark zu kaufenden Strohböcke stammen meist nicht aus Schweden, sondern aus fernöstlicher Produktion. Es gibt sie auch als Miniatur zum Schmücken des Baumes.

Bindeanleitung für den Strohbock

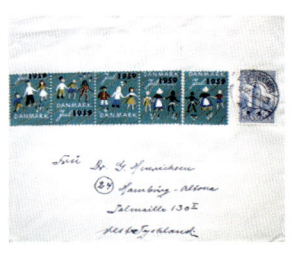

Heutige Wohlfahrtsmarken als Quittung für wohltätigen Zweck haben in dänischer Weihnachtstradition ihren Ursprung und in den Unicefkarten (seit 1949) einen Höhepunkt der Entwicklung.

Der spätere Postmeister Einar Holbøll (1865–1927) hatte mitten im Paketstress des Dezembers 1903 den Gedanken, jede Sendung müsse sich doch mit einer Zusatzmarke für 2 Øre frankieren lassen, wodurch man viel Geld für kranke Kinder würde einsammeln können. So entstand, zuerst mit dem Porträt der Königin Louise, 1904 die erste „julemærke", deren 6 Mio. Exemplare die damals gewaltige Summe von 73 950 Kronen Gewinn brachten, verwaltet von „Julemærkekomiteen". Für diese Gelder baute und betrieb man „julemærkehjem", Kuranstalten für schwache und kranke Kinder, deren Zahl mit der fortschreitenden Industrialisierung in den Städten zugenommen hatte. Diese Heime haben in Dänemark eine wichtige Rolle auch im Kampf gegen TBC gespielt. Im weiteren Verlauf wurden die Marken von berühmten dänischen Künstlern entworfen. 1970 schuf die spätere Königin Margrethe II. den Markenbogen mit der Engelsburg, eine ihrer ersten veröffentlichten künstlerischen Arbeiten.

Zeitschriftwerbung für julemærker, 1979

Bücher – Julebøger

Das Vorlesen von weihnachtlichen, oft frommen und belehrenden Geschichten schuf allmählich eine eigene Literaturgattung, zu der auch Jahrbücher und Hefte (siehe dort) gehörten.

Die bekannteste Weihnachtserzählung ist zweifellos die 1862 erschienene „Ved Nytaarstid i Nøddebo Præstegaard", vom Verfasser „Nikolai 18 Jahre alt". Dahinter verbirgt sich Henrik Scharling (1836–1920), ein Theologe und Dichter, seit 1870 Ordinarius für Ethik und Religionsphilosophie. Auf einer dreijährigen Auslandsreise schreibt er die Geschichte in Rom aus Heimweh und als Liebeserklärung an das dänische Weihnachten. In Übersetzungen ist der Text bald auch im Ausland weit verbreitet. Schon 1888 entsteht daraus ein Theaterstück, eines der beliebtesten bis heute, das 1934 und 1975 außerdem verfilmt wurde. 1866 folgte das dänische Weihnachtsbuch schlechthin, Johan Krohns „Peters Jul" (siehe dort). 1890–1902 entstehen in zwei Bänden L. Buddes „Julefortællinger". 1893 „Julefortællinger" von Vilhelm Bergsøe. 1898 „Julemandens Bog" in Text und Bildern von Louis Moe und als weiterer Klassiker Sophie Breums „Jul i Købmandsgaarden" (1932 als Theaterstück und 1951 verfilmt).

Engel – Engle

Wichtiger Teil der Weihnachtsbotschaft ist der Auftritt des Verkündigungsengels, der die Freude, die aller Welt widerfahren ist, und die Geburt des Heilands mitteilt. Dann die himmlischen Heerscharen, die mit Gesang Gott loben. Als Zitat dieser Szene findet der Engel als Bilderbogen, Oblate oder Baumbehang auch seinen Weg nach Norden. Die Krippe (siehe dort) hat in Dänemark bis jüngst keine Rolle gespielt. Gegen die Popularisierung des Engelsbildes zu Weihnachten spricht auch, dass das evangelische Christentum keinen Engelskult kennt. Auch wäre die Engelsgestalt gegen die Allgegenwart des Nisse nicht angekommen, der dem dänischen Wesen als erdverhaftete Gestalt besser entgegenkommt.

Auch bei den dänischen Weihnachtskarten spielt der Engel eine eher untergeordnete Rolle, unter Nisse-Massen verschüttet. Ohne offizieller Fest- oder Feiertag zu sein, existiert in Dänemark jedoch seit 1770 das Fest „Alle Engles Dag", gefeiert am 29. September, dem „Mikkelsdag" und Festtag des Erzengels Michael. Michael bewahrte die Seelen im Kampf gegen das Böse und die teuflischen Kräfte. Wehrhaft führt er sie am Jüngsten Tag zu Gott. Mit der Engelsforschung und den vielen Berichten über Engelserscheinungen in den letzten Jahren hat der Engel, wenn auch nicht als Baumbehang, auch in Dänemark an

Engel-
Pantomime,
Kopenhagen,
Dezember 2002

Bekanntheit und Popularität gewonnen. Erlebnisberichte über persönliche Engelserscheinungen sind besonders durch den evangelischen Pfarrer Rolf Slot-Henriksen (Bredballe bei Vejle) gesammelt, untersucht und publiziert worden. Zu Weihnachten 2000 befasste ich mich in Ausstellung und Buch mit dem Engelsphänomen (Alle Engel dieser Erde, Husum 2000).

Peter Faber

Peter (Chr. Frederik) Faber (1820–77) ist der berühmte Dichter zündender nationaler Lieder des Treårskrigen (1848–50) in den Herzogtümern und der zwei bekanntesten dänischen Weihnachtslieder, die ein getreues Spiegelbild des bürgerlichen Weihnachtsfestes um 1850 bieten: nämlich „Juletræet" (Højt fra Træets grønne Top = Von der Tanne grüner Spitze) und „Julestemning". Wie die nationalen Soldatenlieder wurden beide in genialer Einfachheit von Emil Hornemann vertont.

Fabers Berühmtheit als „viseforfatter" (Verfasser von Liedern) und Gelegenheitsdichter ist geradezu phänomenal, ebenso wie die Langlebigkeit seiner Verse, die, heute noch in vielen Familien aus-

Peter Faber in Dichterpose, um 1850

wendig gewusst, unverzichtbarer Bestandteil des Weihnachtsfestes sind, zum Tanz um den Baum unbedingt notwendig.

Selbst in Dänemark hat man vergessen, wer dieser „P. Faber" der Liedtexte eigentlich war, nämlich der Sohn einer Kopenhagener Schlosserfamilie, die ursprünglich aus Deutschland stammte. Peter Faber war nämlich hauptberuflich einer der ersten und tüchtigsten „civilingenører" (zur Unterscheidung von den Pioniertruppen), die Dänemark hervorgebracht hat. Als Schüler von Ørsted, dem Entdecker des Elektromagnetismus, setzt Faber die universitären Theorien praktisch um. 1845 finden wir ihn als Inspekteur der Polytechnischen Lehranstalt, dem modernsten Institut des Landes. Schließlich, befördert durch die landesweit bekann-

ten Erfolge als nationaler Dichter und Propagandist, 1848 als Ritter des Dannebrogordens und bald (1852/53) als Direktor des neu eingerichteten Telegrafenwesens. Er plant und verwirklicht die Strecke Helsingør–Hamburg über Kopenhagen und Fredericia, ausgeführt durch die Pioniertruppen des Heeres. 23 Jahre leitet er die Telegrafie. 100 Stationen entstehen, ermöglicht durch viele seiner Erfindungen, etwa die Konservierung der Telegrafenstangen gegen Fäule, oder Porzellanisolatoren, ähnlich den heute benutzten, produziert von der dänischen Manufaktur Bing & Grøndahl.

Seine Dichtungen sind Gelegenheitspoesie eines begabten Laien. Sein Meisterwerk, „Den tapre Landsoldat", ging auf Initiative des Komponisten und Musikalienhändlers Emil Hornemann zurück. Die beiden verbreiteten ihr propagandistisches Produkt mittels 18 000 Freiexemplaren, die unter die Truppen verteilt wurden. Das Lied war in aller Munde und schuf den Mythos des Landsoldaten als des ehrlichen dänischen Infanteristen. Denn erstmals waren nicht nur die Bauern Soldaten, sondern Freiwillige aus allen Schichten, Handwerker, Studenten, Künstler. Das Lied verband sie bis zum Sieg vor Fredericia. Eine nationale Sammlung verlangte ein Standbild, das Herman Vilhelm Bissen schuf, keinen antiken Helden, sondern den derben, ehrlichen Krieger aus dem Volk, eine bronzene Verbildlichung von Fabers Text „Sit Løfte har han holdt, den tapre Landsoldat" (Seinen Eid hat er gehalten, der tapfere Landsoldat).

Postkarte um 1920

(Johan Ole) Emil Hornemann (1809–1870) war Schüler von Kuhlau und J. P. E. Hartmann. Als Pianist schrieb er zwar eine Klavierlehre und Etüden, aber seine großen Erfolge erreichte er mit Vertonungen in frischer, einprägsamer, scheinbar einfacher Art, die nicht nur zum Mitsingen einladen, sondern Ohrwürmer bzw. echte Schlager waren und sind. 1844 hatte er als zweites Standbein die bis jüngst existierende Musikalienhandlung eingerichtet.

Tanz der Nisser um den Weihnachtsbaum. Danske Billeder No. 26. Klebealbum, Museet på Koldinghus

Juletræet, 1847/48

Høit fra Træets grønne Top	Von der Tanne grünem Topp
Straaler Juleglandsen;	Strahlt's im Weihnachtsglanze;
Spillemand, spil lystig op,	Spielmann, komm, spiel lustig auf,
Nu begynder Dansen.	Jetzt im Kreis wir tanzen.
Læg nu smukt Din Haand i min,	Leg die Hand in meine Hand,
Ikke rør ved den Rosin;	Rühr nicht am Rosinen-Band,
Først skal træet vises,	Erst den Baum wir zeigen,
Siden skal det spises.	Plündern dann von Zweigen.

Farben – Julens Farver

Die traditionellen weihnachtlichen Farben sind in Dänemark Grün, Rot und Weiß. Grün als Symbol des Lebens, im Adventskranz und Weihnachtsbaum, ein Ausblick auf das Paradies. Grün zur „falschen" Jahreszeit, ein Wunder wie die verschiedenen blühenden Weihnachtspflanzen (siehe: Pflanzen). Dann Rot und Weiß, die Farben von Dänemarks Fahne Dannebrog, entsprechend der christlichen Auslegung der Fahne als Licht von Christi Sieg über Tod und Finsternis und Christi Blut für seinen erlösenden Opfertod (siehe auch Adventskranz).

Friede zu Weihnachten – Julehelg

Als „julehelg" bezeichnete man im Mittelalter die gesamte Weihnachtszeit. Sie stand rechtlich unter einem besonderen Schutz, vom ersten Sonntag im Advent bis zum achten Tag nach den Heiligen Drei Königen, dem 13. Januar. Ein Brechen dieses Friedens zog harte Strafen nach sich. Die Feiertage wurden später tief greifend eingeschränkt durch Struensee, der 1770 seinem bedauernswerten König Christian VII. die Abschaffung des dritten Weihnachtsfeiertags und der Heiligen Drei Könige (6. 1.) einredete, um sie für „nützliche Tätigkeit" zu verwenden.

Friedhof – Kirkegården

Die christliche Gemeinschaft umfasst auch die Toten. Man erinnerte an sie in der Adventszeit durch einen Tannenzweig, der hinter ihr gerahmtes Foto geklemmt wurde. Besonderen Aufwand fordert das winterliche Zurechtmachen des Friedhofes. Das Abdecken des Grabes mit Tanne ist besonders sorgfältig gestaltet, indem die grüne und die helle Seite der Tannenzweige im Wechsel ausgelegt werden und ein Muster bilden. Wie in katholischen Gegenden benutzt man auch in zunehmendem Maße ein ewiges Licht, meist die mit rotem Plastik ummantelte Kerze. Die Ausschmückung erfolgt spätestens am ersten Advent. Bis in die 1920er-Jahre verwendete man für den Grabschmuck Buchsbaum, dessen Zweige in die Erde gesteckt wurden.

Der grundlegende Gedanke, beim größten christlichen Fest einander Geschenke zu geben, ist die Erinnerung an die Mitbringsel der Heiligen Drei Könige für den Neugeborenen. Weihnachtsgeschenke im heutigen Sinne gibt es in Dänemark erst mit dem bürgerlichen Weihnachtsfest und dem Tannenbaum, d. h. kaum vor 1800. Eine Ausnahme waren unter Wohlhabenden kleine Geschenke an die Kinder. Backwerk und Süßigkeiten dürften ihnen bereits im Mittelalter geschenkt worden sein. 1724 erscheint Ludwig Holbergs satirisches Schauspiel „Jule Stue", in dem er sich über die bäuerliche Tradition lustig macht. Er lässt darin Jeronimus sagen: „Det er en Kunst at dele Gaver ud blandt Børn saa alle kan blive fornøjet" (Es ist eine Kunst, Geschenke unter den Kindern so zu verteilen, dass alle erfreut werden).

„Julekassen", Geschenkverpackung für Geschäftsfreunde, Kappa Dansk Kraftemballage, Kolding

„Dies Pferd mit Pfeife im Hinterteil soll Christoph haben. Und wem soll ich wohl den Wagen geben? Den möchte ich dem kleinen Henning geben. Per soll die Violine haben, denn ich glaube, aus ihm soll ein Spielmann werden. Else soll die Wiege mit dem Kind darin haben, denn kaum werden die Mädchen so alt, dass sie sprechen könnnen, denken sie schon an Heirat und Kinderwiege. Marie! Du musst dich wohl mit der Pfeife begnügen. Da habe ich doch fast die kleine Anne vergessen, sie soll das Dingeldang haben, mit Schellen daran."

In der Folge nahmen die Geschenke an die Kinder zu. Ein-

Gaven
der huskes
-hver dag

NILFISK

„Das Geschenk, an das man täglich denkt", Staubsauger-Reklame, um 1975

gepackt oder wie in Deutschland auf einem Gabentisch präsentiert. Häufig hingen außerdem die kleineren Dinge, wie in Fabers Lied beschrieben, am Tannenbaum, der nach Liedern und Tänzen geplündert werden durfte – Puppen, Trommel, Trompete und Süßigkeiten. Der Weihnachtsmann (siehe dort) als Gabenbringer tritt erst im 20. Jh. auf und ist in Dänemark bis heute eine Seltenheit. Davor sind Geschenke unter den Erwachsenen nicht unbedingt üblich. Wenn überhaupt gibt man sie als humorige Überraschung in Verbindung mit einer „Devise", einem Rätselgedicht, wie beispielsweise von H. C. Andersen um 1850 (siehe: Julklapp).

Geschenkt wird aber seit dem Mittelalter unter Erwachsenen in Abhängigkeitsverhältnissen, vom sozial höher Stehenden an den Untergebenen; oft als ein Teil des Jahreslohnes, ein Anspruch ähnlich einem Gratiale, der Gewinnausschüttung oder dem 13. Monatsgehalt. Diese tatsächlich „julegaver" genannten Zuwendungen sind quasi vertragliche Pflicht, setzen aber den Geber im Sinne einer christlichen Wohltätigkeit in ein günstiges Licht. So schenkt der König an seine Untergebenen, der adlige Herr an seine Bauern und Pächter, der Handwerksmeister an seine Gesellen. Oftmals waren es Naturalien, Lebensmittel, der Stoff für Kleidung, neue Holzschuhe usw. Auch die Dienstboten der Familie erhalten solche Gaben. Zuwendungen an Müllmänner oder Briefträger, wie in Deutschland üblich, kennt man in Dänemark heute nicht mehr. Die Geschenke werden nicht wie bei uns durch Christkind oder

Dänisches Spiel-
zeug: Gardist
um 1953,
Pferd 1952,
Kühllaster TECNO
1954

Weihnachtsmann (siehe dort), sondern unter Nennung des Gebers
geschenkt. Mit schriftlichem Anhänger („Fra X til Y") versehen
liegen sie unter dem Weihnachtsbaum und werden nach und nach
einzeln geöffnet, sodass alle es sehen können. Mitunter teilen heute die Kinder sie aus, die häufig mit roter Mütze als „julenisser"
verkleidet sind.
Dass Kinder ihre Eltern beschenken mit selbst Gemachtem oder
vom Taschengeld Gekauftem, ist erst seit den 1920er-Jahren üblich.

Beliebt sind dabei vorgedruckte Vorlagen, die nur noch ausgestickt werden müssen, wie Deckchen oder Ziertücher und Haussprüche. Klassiker sind auch selbst gestrickte Strümpfe und gehäkelte Topflappen. Selbst verfasste Weihnachtsgedichte oder Dankschreiben an die Eltern wie in Deutschland sind in Dänemark nicht bekannt.

Geschenke: Spielzeug - Legetøj

Fertiges, gekauftes Spielzeug kam meistens aus den großen deutschen Spielzeuggegenden wie Thüringen, eingeführt über den Freihafen Altona und weitertransportiert mit der Bahn Altona–Kiel (seit 1844). Faber (siehe dort) nennt in seinem Lied und Krohn in seinem Weihnachtsbuch „Peters Jul" (siehe dort) die ganze Palette: Puppe, Pierrot, Zinnsoldaten usw.

Als typisch dänisches Erzeugnis gibt es im 20. Jh. modernes Spielzeug von hervorragender kunstgewerblicher Qualität, eine künstlerische Erneuerung, an erster Stelle die Holzspielzeuge des Silberschmiedes Kay Bojesen mit dem klassisch gewordenen Gardisten, dem Klammeraffen, Pferd und Zebra, der Feuerwehr und vielem mehr. Ein Kopenhagen-Besuch in den 1950er-Jahren hatte als absolutes Muss zumindest den Blick in den reich bestückten Kunstgewerbekeller des großen Meisters.

Spielzeugladen.
Illustration um 1960

Weihnachten war die Zeit des Vorlesens. Jahrbücher (siehe: Bücher), Hefte und Familienzeitschriften kamen mit geeigneten Geschichten dem Bedarf nach. Klassiker blieben jedoch die Märchen, in Dänemark in der zweiten Hälfte des 19. Jh. fast ausschließlich solche von H. C. Andersen. Nicht unbedingt welche mit weihnachtlichem Inhalt, wie „Grantræet" oder „Krøblingen". Diese „fertigen" Geschichten ersetzten die uralte Tradition des freien Erzählens der von Generation zu Generation überlieferten Geschichten, eine Kunst, die sich auch in Dänemark auf dem Lande bis Ende des 19. Jh. hielt und deren letzte Reste durch engagierte Geschichtensammler wie Evald Tang Christensen oder Svend Grundtvig aufgezeichnet worden sind. In H. C. Andersens Märchen „Grantræet" gibt es den Geschichtenerzähler noch:
„Eine Geschichte, eine Geschichte!', riefen die Kinder und zogen einen kleinen dicken Mann zum Baum hin, und er setzte sich geradewegs unter ihn, ,denn so sind wir im Grünen', sagte er, ,und der Baum kann besonders Nutzen davon haben, zuzuhören! Aber ich erzähle nur eine Geschichte. Wollt ihr die von Ivede-Avede oder die von Klumpe-Dumpe hören, der die Treppen hinunterfiel und doch erhöht wurde und die Prinzessin bekam?'… Und die Kinder klatschten in die Hände und riefen: ,Erzähle, erzähle!'"

Glas

In Dänemark gibt es die Traditon, ähnlich wie beim Porzellan, einheimisches Glas zum alltäglichen und festlichen Gebrauch zu benutzen. Preisgünstige Importe aus dem Ausland (DDR, Frankreich, Italien) kamen erst seit den 1960er-Jahren auf. Die meisten dänischen Haushalte verfügen über einen Fundus von Trinkgläsern der Fabriken Holmegaard, Kastrup oder Aalborg, teilweise über drei Generationen weitergegeben und gehütet. Einige Musterserien sind über viele Jahrzehnte unverändert im Angebot geblieben.

Die kleinen Glashütten, die seit der Reformation entstanden waren, hatten wegen Holzmangels nur kurzen Bestand. Das Werk Holmegaard im Süden Seelands wurde so erfolgreich, weil es Torf als Brennstoff nutzte.

Sehr populär war als eine der ersten Serien das Service „Anglaise", das seit 1863 in zwölf verschiedenen Formen geliefert wurde. Der Klassiker über zwei Generationen, von

Bierhumpen, Linsenschliff, Holmegaard, benutzt in Sørensens Gæstgivergård, Daugaard, um 1900

Weihnachtsflasche mit Gläsern, Holmegaard

1906 bis 1960, ist jedoch „Margrethe", das erste in Dänemark designte Glas, nach Zeichnung des Keramikers Knud Hammershøj. Für festliche Anlässe gab es (1890–1945) „Derby" mit Kelchen in verschiedenen Farben und aufwendigem Schliff. Seit 1923 besteht eine Zusammenarbeit mit den Künstlern der königlichen Porzellanfabrik, um dem Glas ein künstlerisches Design zu geben.

Gottesdienst – Julegudstjeneste

Der bekannte dänische Weihnachtswitz, wo man nach dem Weihnachtsabend den Pfarrer das übrige Jahr denn wohl versteckt halte, hat durchaus einen wahren Kern, weil, wie in Deutschland, die meisten Besucher der Weihnachtsgottesdienste nur dieses eine Mal im Jahr die Kirche von innen sehen. Allerdings ist die Nachfrage nach dem „julegudstjeneste" gewaltig. Fast jede Kirche muss mehrere Termine anbieten, seit Kurzem auch bereits um 10 Uhr vormittags, um den nachmittäglichen Weihnachtsstress zu entzerren. Seit 1998 ist der 24. Dezember auch offiziell arbeitsfreier Tag. Am Nachmittag gibt es „familiegudstjeneste" für Familien mit Kindern. Dieser hat oftmals eine besondere Ausgestaltung.

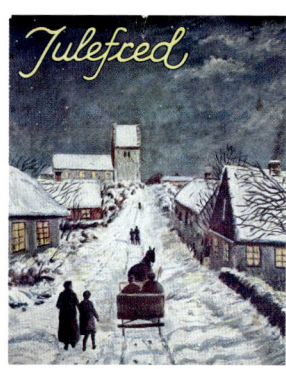

Zeitschrift,
Jahrgang 1939

Zunehmender Beliebtheit erfreut sich in den Städten auch der Mitternachtsgottesdienst, der in den eigentlichen Festtag des 25. Dezember hineinfeiert. Die katholische Christmesse war eine Mitternachtsmesse, auch nach der Reformation verlagerte sich der Zeitpunkt erst nach und nach auf den frühen Abend. Der eigentliche Gottesdienst des ersten Weihnachtstages hingegen ist meist spärlich besucht, und am zweiten Weihnachtstag, St. Stephan (siehe dort), noch geringer.

Vor Frelsers Kirke, Aalborg,
Postkarte um 1925

Die Reihe von jährlich erscheinenden Weihnachtsheften ist lang, ihre Ausstattung und Inhalt meist sehr konservativ: Kinderlose Eltern erhalten ein Kind, elternlose Kinder eine Familie, verlorene Söhne kehren heim, Einsame feiern einen schönen Weihnachtsabend, harte Gemüter werden weich usw.

Der Klassiker schlechthin war „Julerosen" (1881–1944) für Erwachsene und die Kinderausgabe „Børnenes Juleroser" (1884–1930). Seit 1889 erscheint „Børnenes julebog"; seit 1899 „Julestjernen"; 1898–1957 „Børnenes Jul"; 1887–1952 „Børnenes Julegave"; seit 1924 „Mod Jul".

Erstaunlich ist die Erfolgsgeschichte von „Ved julelampens skær" (seit 1918). Dessen Erfinder und Verleger Grønvald-Fynbo (1879–1962) arbeitete sich als Sohn eines armen Kleinbauern zum Lehrer hoch (1900). Er sammelte kleine Märchen, druckte sie und vertrieb sie mit seinem neu erdachten System über die Schulen als Sammelbestellungen mit Provision für die Lehrer. Während des Zweiten Weltkrieges verkaufte er jährlich 100 000 Weihnachtsbücher und 200 000 Hefte. Im Erfolgsjahr 1954 verkaufte sich „Julelampen" in 183 143 Exemplaren.

Eine dänische Spezialität sind auch die satirischen Hefte für Erwachsene, seit 1889 „Blæksprutten" (der Tintenfisch) mit großformatigen Bildseiten der führenden dänischen Pressezeichner und Grafiker. Ähnlich „Svikmøllen" (Zwickmühle) seit 1915.

„Ä Rummelpot" (Rummelpott) seit 1940 ist auf Sønderjylland spezialisiert. Einige Zeitschriften widmen sich den Behinderten, seit 1957 „Vanføres Jul", seit 1945 „Blindes Jul".

Jahresheft „Ved Julelampens Skær", Titel, 1949

Der Ewige Jude – Jerusalems skomager

Die Wandersage vom Ewigen Juden verbindet sich in Dänemark mit Aberglauben und Vegetationszauber. Es gilt, in der Weihnachtsnacht alle Pflüge unter Dach zu bringen, damit „jerusalems skomager" nicht darauf zum Ausruhen Platz nimmt. Denn dann ist der Pflug verhext, und wo er pflügt, kommt nur Unkraut aus dem Acker. Die Sage gehört zu den mittelalterlichen Christuslegenden. Christus schleppt das Kreuz, bleibt stehen, um sich auszuruhen, just vor dem Laden von Ahasverus, dem Schuhmacher von Jerusalem, der ihn mit einem Leisten bedroht und zu verjagen sucht, worauf Christus entgegnet: „Ich werde ruhen, aber du sollst gehen, bis ich wiederkomme." Nach Norden gelangt die Geschichte durch den Studenten Paulus von Eitzen (später Bischof von Schleswig), der 1542 in Hamburg gesehen haben will, wie Ahasverus während der Predigt in der Kirche barfuß der Kanzel gegenüberstand. Es entstehen Flugschriften und Pfennigdrucke.

Ahasverus, aus Schwedischem Volksbuch um 1720 (n. Klintberg)

Jul

Erstaunlicherweise trägt im Norden das größte christliche Fest einen „heidnischen" Namen. Jul bedeutet eigentlich „Fest". Das vorchristliche Jul war ein Mittwinterfest. Der isländische Historiker Snorre Sturlason (1178–1241) erzählt von König Hakon dem Guten, der um 950 beschloss, dass man Jul fortan zum gleichen Zeitpunkt wie die Christenmänner feiern solle. „Zuvor hatte Jul mit hökenat begonnen, das war die Mittwinternacht, und dauerte 3 Tage". Mittwinter lag damals zwischen dem 13. und 14. Januar. Der julianische Kalender hatte die Wintersonnwende auf den 25. 12. festgelegt, und das Julfest verlagerte sich allmählich auf diesen Termin.

Julklapp

„Julklapp" ist das schwedische Wort für ein Weihnachtsgeschenk. „Klappa" bedeutet (an die Tür) klopfen. Noch heute wird in Schweden mancherorts eine verkleidete Person gesichtet, die an die Türen klopft und irgendetwas Spaßiges in die Stube wirft, nicht unbedingt ein Paket. Die Geschenke werden mit einem kleinen Vers begleitet. Diese Überraschungsgeschenke waren in Dänemark in der ersten Hälfte des 19. Jh. sehr beliebt. Die Verse nannte man Juledeviser. Andersen war darin ein Meister. Mehr als 70 sind von ihm überliefert:

Dukken her er ingen Dukke,	Keine Puppe, will ich meinen,
Hun er en forhekset En,	diese ist doch bloß verhext,
Kann ej græde, kann ej sukke,	kann nicht seufzen, kann nicht weinen,
Røre Arme eller Been;	Arme, Beine nicht belebt;
Kun ved inderlig Caresse	Doch bei inniglicher Liebe
Og ved Omgang blid og god	und Behandlung weich und gut
Hun forvandles til Prindsesse,	sich verwandelt zur Prinzessin,
Som hun var, det Rosenblod! (Puppe)	So wie einst, ein Rosenblut.
Da Roser mangler ved julens Leg,	Rosen fehlen beim Jule-Spiel
Din Stue vi ikke kann smykke;	Die Stube sie können nicht schmücken
Men som en Blomst dog for Din Væg	Deiner Wand ich Blumen doch geben will
Du faaer dette Kobberstykke. (Kupferstich)	zumindest in kupfernem Stiche.
Vers og Smør ej passer sammen	Vers und Butter, die zusammen?
Dog et Vers Du have maa,	Doch ein Vers sei dir gewiss,
Midt i Kanden Digter-Flammen,	In der Kanne: Dichterflammen
Som en Juleblomst skal staae. (Butterkanne)	Weihnachtsblume in Türkis.
Guld søger Guld, det vil det Hjerte finde	Gold sucht das Gold,
Naa, det vil dikke udenfor og inde. (Damenuhr)	Es will das Herz dir finden,
	Na, es will ticken,
	Da draußen und da drinnen.

Wie in Deutschland ist auch in Dänemark seit mehr als einem Jahrhundert die Weihnachtskarte unverzichtbar, wenngleich sich in Dänemark das Kartenschreiben der jüngeren Generation in den letzten Jahren immer mehr auf die elektronische Mail verlagert hat, teilweise in offenen Briefkästen, wo jeder jeden der zehntausende Grüße lesen kann.

Die Österreichische Correspondenzkarte von 1869 und Heinrich von Stephans Karte von 1870 sind von nachhaltiger Wirkung. Dänemark schließt sich 1871 dem Postvertrag an. Die zunächst bildlose Karte zeigt ab den 1880er-Jahren das bekannte Repertoire an Weihnachtsmotiven in farbiger Lithografie. Die ersten dänischen Karten sind, wie schon die Bilderbogen, deutsche Drucke mit dänischem Text. Seit etwa 1880 bietet die Papierhandlung Levison in Kopenhagen eigene, in Dänemark gedruckte farbige Karten an. Auch in Dänemark ließ die Postkarte den Text meist auf eine stereotype Floskel schrumpfen: „I ønskes en glædelig Jul og et godt Nytår". Viele Familien setzen heute stattdessen auf einen kopierten Weihnachtsbrief mit allen wichtigen Ereignissen des Jahres, auch per Mail.

Dänische Weihnachtskarte, um 1925

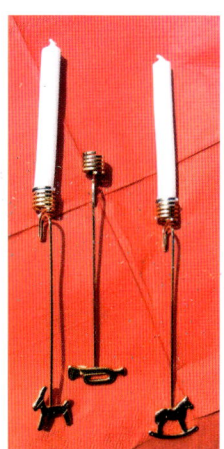

Moderner Jahres-
kerzenhalter mit Lot

Ein wesentliches Element ist die heimelige Atmosphäre, „hygge",
die sich mit brennenden Kerzen, „levende lys", erzeugen lässt, was
sich freilich nicht auf Weihnachten beschränkt. Die Dänen haben
pro Kopf den welthöchsten Kerzenverbrauch. Wie in Deutschland
war auch in Dänemark auf dem Lande Leben und Arbeiten an die
hellen Stunden gebunden, künstliches Licht schlecht und teuer.
Neben dem Kienspan benutzte man selbst gemachte Talglichte
(tellelys), später Rüböl. Eine wirkliche Verbesserung ist die Petro-
leumlampe, seit den 1870er-Jahren mit amerikanischem Öl betrieben und relativ teuer in Gebrauch.
Erst Kerzen aus Stearin und Paraffin machten den beleuchteten
Weihnachtsbaum für weitere Kreise erschwinglich. Wachskerzen
waren sehr teuer. Seit 1846 entstanden die ersten Stearinfabriken in
München und Nürnberg. Das 1830 von Reichenbach entwickelte
Paraffin war ein Destillat aus Torf oder Braunkohle, seit 1850 fand
es in Dänemark für Kerzen Verwendung.

In „Peters Jul" von 1866 (siehe dort) lässt Johan Krohn (siehe dort)
die Kerzen am Baum durch „Vater Jul" anzünden, einen Weih-
nachtsgeist, der mit brennender Kerze am Hut nur zu braven Kindern kommt:

Traditionelle
Schachteln „Jule-
lys", rot u. weiß

Weihnachts-
Porzellan, Set von
Bing & Grøndal,
um 1950

Er nimmt vom Hut der Kerze Licht
es funkelt und es glänzt und blinkt,
damit er hin zum Baume tritt,
und nickt zum Tannenstamme.
Und gleich von jeder Kerze winkt
die klare helle Flamme.
Schau, wen Herr Weihnacht nicht erreicht,
dort wo er nicht wollt zünden,
sind Kerzenflammen seltsam bleich
und können nichts verkünden.
Doch wo Herr Jul sie hat entflammt,
sie strahlen und sie flimmern
und daran sei auch leicht erkannt,
dass Weihnacht ist dort drinnen.

Kolonialwaren – Kolonialvarer

Für die Versorgung mit vor allem Rohrzucker waren die Kolonien Dänemarks von großer Bedeutung, auch kamen von hier Südfrüchte, Tee, Kaffee, Reis und Gewürze: Kolonialwaren. Dänemarks Kolonien waren „de vestindiske øer" – drei Inseln, St. Croix, St. Thomas und St. John. St. Croix, die wichtigste Insel, hatte man 1733 von Frankreich gekauft, St. Thomas von Portugal erworben. Besonders der Rohrzuckerhandel war ein lohnendes Geschäft, bis in Europa der Rübenzucker einen Preisverfall brachte. Noch heute ist der klebrige, braune, zähflüssige St.-Croix-Zucker in Dänemark zu kaufen, wenngleich er nicht mehr von der namengebenden Insel stammt. Er ist unverzichtbar für die Weihnachtsbäckerei, für „brune kager".

Heilige Drei Könige – Helligtrekonger

Se, nu er julen straks forbi;
Det er helligtrekongers aften.
Så ender den rare jul; men vi

Er glade, at vi har haft den.
Tre lys har vi tændte – tænk en gang!
for kongerne, de, som bragte
Jesusbarnet en julepresent;
Vi ved det, for Far har sagt det.
Her sidder vi ved vort lille bord
Og ser, hvordan lysene brænde;
når de er slukkede, siger Mor,
At så er julen til ende.

Schau, nun ist Weihnachten fast vorbei,
es ist Heilig-drei-Könige-Abend.
Das Ende der Weihnacht
kommt schließlich herbei,
wie froh, es gefeiert zu haben.
Drei Kerzen brennen, denke dir nur,
für die Könige, die ja brachten
dem Jesuskind Weihrauch und Goldstücke pur,
wir wissen's, weil Vater es sagte.
So sitzen wir Kinder am kleinen Tisch
und sehen die Kerzen fein brennen.
Wenn sie erlöschen, sagt Mama, macht's „zisch!"
Denn dann ist die Weihnacht zuende.

(J. Krohn: „Peters Jul", 1866)

König Caspar mit
Gefolge, Kalkmale-
rei im Chorgewölbe,
Vesterø Sønder
Kirke, Læsø,
um 1450

Epiphanias am 6. Januar bezeichnet mit dem Fest der Heiligen Drei
Könige das Ende der Weihnachtszeit. Dies Fest hat im Norden, von
Köln ausgehend, eine enorme Bedeutung gehabt. Dort verwahrt
man seit 1164 bis heute als Reliquien die Gebeine, die Friedrich Bar-
barossa im Jahr zuvor vereinnahmt hatte. Helligtrekonger war in
Dänemark ein Festtag, den erst Struensee 1770 offiziell abschaffte.
Das Brauchtum hatte sich vom staatlichen Eingriff allerdings nicht
beirren lassen. Bis 1900 hat es in Dänemark, besonders auf dem
Lande, wie in Deutschland Sternsinger gegeben, die von Haus zu
Haus zogen und sich bewirten ließen. Heute treffen wir die Sänger
noch in Schulen, Kindergärten oder in der Kirche etwa beim Fami-
liengottesdienst. Auf dem Lande konnte der Aufwand noch örtlich
bis 1900 sehr erheblich sein, ein ganzer festlicher Zug. Voran der
Sternträger, der Stern aus Papier oder Pergament und innen beleuchtet. Es folgten die drei Könige ganz in Weiß und mit Kronen
auf dem Kopf, danach ihr Gefolge: eine junge Frau zu Pferde als
Jungfrau Maria, daneben Josef zu Fuß. Auch „böse Personen" fehl-
ten nicht, König Herodes nebst Gefolge. Den Abschluss bildete Ju-
das mit Geldsack. Solche Umzüge hatten sich aus den kirchlichen
Schauspielen der vorreformatorischen Zeit entwickelt.

Oft nutzten auch arme Leute die Gelegenheit zum Bettelgang. Der Zug bestand manchmal nur aus zwei Personen, oder gar nur aus dem Sternenmann selbst, der, wie aus Mitteljütland berichtet wird, in der ganzen Weihnachtszeit mit Stern von Hof zu Hof zog. Im Dezember 1861 fühlte sich die Polizei in Thisted (Nordjütland) veranlasst, den Sternenlauf zu verbieten.

Ein letzter Rest der Sitte hat sich weitab auf den kleinen Inseln Agersø und Omø im Großen Belt erhalten, sowie auf Ærø. Hier verkleiden sich Erwachsene und Kinder nur, um unkenntlich zu werden, und gehen von Haus zu Haus, deren Bewohner erraten müssen, wer unter der Maske steckt. Alle werden mit Kaffee und Kuchen bewirtet.

Gefeiert wird das Fest, wie in Dänemark üblich, am Vorabend, also dem 5. Januar. Viele Familien stellen ein „trekongerslys" auf, eine Kerze mit drei Flammen. Früher war darin ein Stück Gänsekiel mit Pulverladung eingegossen, die schließlich hochging und die Flammen auslöschte: „Med et fut er julen slut". Wie auch zu St. Lucia (siehe dort), dem 13. 12., und dem Tag der heiligen Agathe, 5. 2., nutzten die Mädchen auf dem Lande die Nacht davor zu Prophezeiungen über den künftigen Gatten. Dabei

Dreikönigskerze, Fredrikshavn 1993, und Pappfiguren (Südamerika)

45

war ein magisches Gedicht zu sprechen und ein bestimmtes Bewegungsritual zu vollziehen, etwa rückwärts ins Bett zu steigen oder mit einem Bein im Bett stehend zu sagen:

Hellig tre konger tre	Heilige Drei Könige drei
lad i nat mig se	lasst heute Nacht mich sehen
hvis brud jeg skal være	wessen Braut ich soll sein
hvis navn jeg skal bære	wessen Namen ich werde tragen
hvis seng jeg skal rede	wessen Bett ich bereiten soll
hvis dug jeg skal brede.	wessen Tischtuch ich auflegen soll.

Krippe – Julekrybbe

Die Weihnachtskrippe als Modell des Geschehens im Stall zu Bethlehem ist, so wie wir sie aus Deutschland kennen, in Dänemark eher selten benutzt worden, auch heute, im Gegensatz zu Schweden, wo sie sich immer mehr durchgesetzt hat. Ähnlich wie in Norddeutschland hat dies Ausstattungsstück des katholischen, südlicheren Weihnachtsfestes seit etwa 30 Jahren in den Kirchen Einlass gefunden. In Dänemark ist die Krippe, wenn überhaupt, am Eingang, etwa im Turmraum, aufgestellt und meist die Arbeit von Laien, mitunter auch von afrikanischen Partnergemeinden. Auch Papierkrippen aus den deutschen lithografischen Fabriken haben in Dänemark nie Erfolg gehabt.

Johan und Pietro Krohn

Die Brüder Johan Jacob (1841–1925) und Pietro (1840–1905), Söhne eines Medailleurs, der in Rom zum Künstlerkreis um Thorvaldsen gehörte, sind 1863 Verfasser und Zeichner des dänischen Weihnachtsbuches schlechthin , „Peters Jul" (siehe dort), das 1866 erschien. Johan war eigentlich Theologe, dann Lehrer und später Direktor (1880–1914) der bekannten „Krebs Skole" in Kopenhagen. Pietro war an der Kopenhagener Akademie Schüler von

W. Marstrand und P. C. Skov-gaard. Er wurde künstleri-scher Leiter der Porzellanfa-brik Bing & Grøndahl (1885–92) und dann Direktor des Kunstindustrimuseet (1893). „Ich schrieb einige Weih-nachtsverse, um den kleinen dänischen Schuljungen etwas zu bieten, was sie verstehen konnten, das sie erfreute und klüger machte."

Johan Krohn,
Verfasser von
„Peters Jul",
Porträt um 1870

Der tapfere Landsoldat - Den tapre Landsoldat

Peter Faber (siehe dort) und Emil Hornemann hatten mit ihren patriotischen Soldatenliedern im Treårskrigen (1848/50) die nationale Be-geisterung angefacht, die ihren Niederschlag auch im Weihnachtszeremoniell fand. Den Baum schmückten als Geschenke Danebrog, Kindertrommeln, Kinderwaffen und Trompe-te, die abstruserweise größtenteils wohl aus der Produktion deutscher Spielzeuggegenden gestammt haben dürf-ten. Trommel, Fahne und Trompeten sind noch heute in quasi sym-bolischer Verkleinerung an den meisten Bäumen zu finden.

Fabers und Hornemanns Lied vom Landsoldaten machte „ånden fra otteogfyrre" (den Geist von 1848) unsterblich. H. V. Bissens Monument von 1858 setzte vor den Wällen der Festung Fredericia Fabers Lied monumental um: ein Held aus dem Volk für das Volk. Das Lied verstand es, die erstmals den verschiedensten Kreisen der Bevölkerung entstammenden Infanteristen zu einer schlagkräfti-gen Einheit zu verbinden. Der tumbe Bauernsoldat, eine eher ko-mische Figur für das Theater, war durch Helden ersetzt:

Trommel als
Baumschmuck,
Pappe, um 1900

Den gang jeg drog afsted,
den gang jeg drog afsted,
min pige ville med,
ja, min pige ville med.
Det kan du ej min ven!
Jeg går i krigen hen,
og hvis jeg ikke falder,
kommer jeg nok hjem igen.
Ja var der ingen fare,
så blev jeg her hos dig,
men alle Danmarks piger,
de stole nu på mig;
og derfor vil jeg slås
som tapper landsoldat,
Hurra, hurra, hurra!

Als ich loszog, wollte mein Mädchen mit. Das kannst du nicht, mein Freund, ich ziehe in den Krieg, und wenn ich nicht falle, komm ich wohl wieder heim. Ja, gäbs keine Gefahren, dann blieb ich hier bei dir, doch alle Mädchen Dänemarks vertrauen nun mir. Und darum will ich Kampf als tapfrer Landsoldat, hurra, hurra, hurra!

Dekoration für
den Weihnachts-
tisch. Fayence,
Aluminia,
um 1935

Licht – Lys

Künstliches Licht ist ein selbstverständliches Phänomen unserer Zeit. Zum Arbeiten ist man nicht mehr auf den Rhythmus von Tag und Nacht angewiesen. Früher war künstliches Licht ein ungeheurer Luxus. Licht im Dunkel, wie man es nur in der Kirche erleben konnte, war auch ein Symbol des Glaubens. Christus, die Sonne der Gerechtigkeit, erhellt die dunkle Welt und die Finsternis der Ungläubigkeit. Das Symbol des Lichts begleitete den Christen von der Taufe bis zum Tod. Als Symbol wurde das „Lebenslicht" als brennende Kerze bei der Taufe überreicht und in den letzten Momenten des Lebens auf dem Sterbebett wieder angewendet.

Erst Kerzen (siehe dort) aus Stearin und Paraffin waren seit etwa 1850 für weitere Kreise überhaupt bezahlbar und wurden auch am Weihnachtsbaum verwendet.

Kerzen aus dänischer Produktion, Løgum Kloster Lys A/S, 1990er-Jahre

Lieder und Psalmen – Julesange og Salmer

Men se, klaveret op er lukt,
og hør, hvor Mor nu spiller smukt !
Med foldede hænder vi synge må
Den Julesang, vi har øvet os på.

Oh, schau, das Klavier ist aufgetan
und Mutter spielt so schön daran!
Wir falten die Hände, so wie es beliebt,
und singen das Lied, das so lang wir geübt.

(J. Krohn: Peters Jul,1866)

Im dänischen Kirchengesangbuch (salmebogen) gibt es 35 eigentliche „julesalmer". Häufiger gesungen werden davon nur zwölf, deren Texte alle von den drei berühmten Dichter-Pastoren stammen, nämlich sieben von N. F. S. Grundtvig (1783–1872), drei von B. S. Ingemann (1789–1862) und zwei von Brorson (1694–1764).
Von Grundtvig stammen die Texte für „Dejlig er den Himmel blå" (1810); „Julen har englelyd" (1837); „Vær velkommen Herrens Aar" (1849); „Det kimer nu til julefest" (1817); „Et barn er født i Bethlehem" (1820). Ingemann schrieb: „Julen har bragt velsignet bud" (1839) und „Dejlig er jorden" (1850).

Teilweise waren diese Lieder Nach- und Neudichtungen katholischer Psalmen und Lieder aus Deutschland. So etwa hielt sich Ingemann bei „Dejlig er jorden" an „Schönster Herr Jesus" und Grundtvig nutzte bei „Det kimer nu til julefest" Luthers „Vom Himmel hoch da komm ich her". Sein „Et barn er født i Bethlehem" hatte ältere Wurzeln, nämlich einen katholischen Wechselgesang des 14. Jh. Spannend ist der Werdegang von Ingemanns „Glade Jul, dejlige Jul" (1850). Er nutzte das später weltweit gesungene „Stille Nacht", das jahrzehntelang als tirolerische Volksmelodie galt, tatsächlich aber am Weihnachtsabend 1818 in St. Nikolaus in Oberndorf bei Salzburg Premiere hatte. Dort sang Pater Joseph Mohr seine neue Dichtung mit der Musik seines Freundes aus dem Nachbardorf Neudorff, des Lehrers Franz Gruber, zur Gitarre, denn die Orgel hatte gerade den Geist aufgegeben. Nach Weihnachten machte der Orgelbauer das Lied rundum bekannt. Es wurde gern von kostümierten „Tiroler" Volkssängern vorgetragen.

Neben diesen Kirchenliedern, die auch viel zu Hause gesungen werden, gibt es eine ganze Reihe von weltlichen Weihnachtsliedern (sange), von denen Fabers (siehe dort) „Højt fra træets grønne top" wohl das beliebteste ist.

Während in Dänemark bei festlichem Essen gern und viel gesungen wird, oft selbst Gedichtetes nach ausgeteilten Texten, geht es Weihnachten anders zu: gegessen wird ohne Gesang. Man singt die Lieder am Weihnachtsbaum und bei einigen, die sich besonders eignen, schreitet man im Kettentanz, einander an den Händen haltend, drum herum, wobei man natürlich auswendig singt und den Baum rundum bestaunen kann. Ein weiterer Anlass zu etwas schnellerer Bewegung bei Gesang ist die seit einigen Jahren übliche Polonaise durch das ganze Haus, eine Tanzkette, die offenbar aus Schweden übernommen ist,

Illustration einer Weihnachtsgeschichte aus „Ved Julelampens Skær", 1967

wo man sich (allerdings im Freien) beim Mittsommerfest als Menschenkette durch die übrigen Gäste bewegt. Die Polonaise fand in Dänemark zuerst Eingang in die Schulen am letzten Schultag vor den Weihnachtsferien und in anderen Institutionen wie Altenheimen. Dazu singt man „Nu er det jul igen, og julen varer lige til paaske" (jetzt ist wieder Weihnachten und Weihnachten dauert bis Ostern), 1956 von Holger Buchhave geschrieben mit

Noten-Heft, Lied: N. F. S. Grundtvig. Ill.: Aage Nielsen-Edwin, um 1955

Musik von Henning Elbirk. Der Reigen durch alle Räume greift die alte katholische Sitte vom Haussegen wieder auf.

Eine weitere Liedgruppe sind die Singspiele, die bei dem „juletræsfest" in Vereinen oder Gemeinden gesungen und gespielt werden, wie „Tornerose var et vakkert barn" (Dornröschen) (siehe: Spiele).

Lille Juleaften – Kleiner Weihnachtsabend

Lille Juleaften ist der Vorabend des 24. Dezember, also der 23. Dieser „Vorbereitungsabend" ist nur aus Dänemark bekannt. Wahrscheinlich geht die Sitte zurück in die katholische Zeit, als es üblich war, den Vorabend der großen Festtage wachend (Vigilien) zu verbringen, um bewusst den Anfang des großen heiligen Tages nicht zu versäumen.

„Julekage" im Anschnitt, Zeichnung von Anton Hansen, 1933

Kanne und Kaffee-gedeck, Königl. Porzellanfabrik, „musselmalet", um 1910

Seit einem Jahrhundert ist dieser Abend aber traditionell für gemütliches Kaffeetrinken bestimmt, weniger zum freundschaftlichen Besuch. Der Baum wurde heimlich von den Eltern geschmückt, heute allerdings meist unter Beteiligung der Kinder oder gar von diesen allein. Mancherorts gab es in Dänemark im 19. Jh. auch Umzüge der Kinder, die mit Weihnachtskuchen für ihr Lied belohnt wurden: „Lillejuleaften maa jeg banke paa Din dør,/ Lillejuleaften er kagen aldrig tør." Für arme Kinder bot der Abend also Gelegenheit, sich Brot und Kuchen zu beschaffen, für die Gebenden das erhebende Gefühl der gottgefälligen Mildtätigkeit (siehe dort).

Lucia

Lucia leitet den Namen ab vom lateinischen „lux" (Licht). St. Lucia war so etwas wie eine Heilige des Lichts.
Ihr Name war im Norden „Lusse". Eine große Rolle spielte sie als Heilige hier nicht. Ihre Bedeutung lag darin, dass ihr Festtag, der 13. Dezember, nach der alten julianischen Zeitrechnung mit dem Tag der Wintersonnwende zusammenfiel. Die Nacht davor galt als die längste. Durch die Kalenderreform 1700 rückte der Sonnwendtag allerdings auf den 21. Dezember, was Lucias Wichtigkeit in der bäuerlichen Bevölkerung des westlichen Schweden, wo man sie

verehrt, nicht schmälerte. Die Festlichkeiten des alten Sonnwendfestes werden als „Lusse" weiter betrieben, etwa dem Vieh besondere Bissen zu geben und sich selbst am Morgen ein reichhaltiges Frühstück zu gönnen. Dies wird in Schweden seit dem ausgehenden 18. Jh. am Morgen des Festes von einer Lichter tragenden Gestalt gereicht, ein Brauch, der sich über die Universitätsstädte Lund und Uppsala im Land verbreitete. Nach Dänemark kommt Lucia während der deutschen Besatzungszeit durch den Generalsekretär von Foreningen Norden, Frantz Wendt, der ein Lichterfest „in

Lucia serviert der Gutsherrschaft, Västergötland 1848 (n. Olsson)

dunkler Zeit" für sehr passend hielt. So trat denn Lucia zuerst in Schulen, Krankenhäusern, Altenheimen und anderen Institutionen auf. Dort hat sich der Aufzug bis heute am Leben erhalten.

Midt i den mørke nat lysene brænder.	Mitten in dunkler Nacht Kerzen brennen.
Vi bærer lyset frem i vore hænder.	Wir tragen her das Licht in unsren Händen.
Nu skal det bringes ud	Es sei hinausgebracht,
og mørket sprede,	Dunkel zu teilen,
det bringer lys fra Gud,	es bringt das Licht von Gott.
alt er nu rede.	Bereit sind wir, zu eilen.
Budskab vi bringer med,	Botschaft wir bringen mit,
budskab om julefred,	Botschaft vom Weihnachtsfried,
Sancta Lucia, Sancta Lucia	Sancta Lucia, Sancta Lucia

Im Allgemeinen formt sich der Luciazug in Dänemark so: Voran in der Prozession Lucia in weißem, brautähnlichem Gewand, mit langen blonden Haaren und brennendem Kerzenreif auf dem Kopf.

Ihr folgen, um die Jungens nicht zu diskriminieren, „stjernedrenge" (Sternenknaben) ebenfalls in Weiß, auf dem Kopf hohe spitze Hüte mit goldenen Sternen darauf. Diese Knaben scheinen sich von einer anderen schwedischen Sitte selbstständig gemacht zu haben, wo sie als „stjärngossar" zum Zeremoniell der Heiligen Drei Könige bez. Staffan (St. Stephan, siehe dort) gehörten.

M   *Markt und Straßenverkauf*

Besondere Weihnachtsmärkte, wie in Deutschland der Nürnberger Christkindlmarkt oder der Striezelmarkt in Dresden, hat es in Dänemark nicht gegeben.

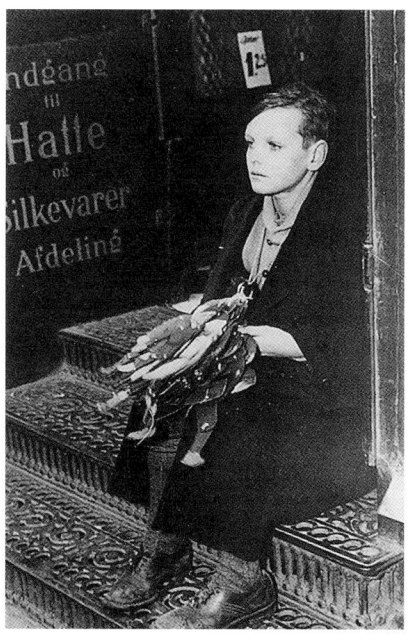

Doch bestand die Möglichkeit, über die etablierten Geschäfte hinaus das weihnachtliche Zubehör etwa an Nüssen oder Obst auf den regulären Wochenmärkten zu kaufen, wo, wie wir bei Faber und aus „Peters Jul" (siehe dort) erfahren, auch die Weihnachtsgans zu haben war. Gegen Weihnachten, ja am Heiligen Abend selbst ging der Handel noch munter und der Verkauf wurde, entgegen jeglicher üblichen Regel, „mitten auf die Straße" verlegt, etwa um Weihnachtstannen abzusetzen.

Verkauf von Hampelmännern, Kopenhagen um 1935

Straßenverkauf am Weihnachtsabend, Kopenhagen, Xylografie nach E. Heilemann aus „Illustreret Tidende", 1857

Sikken voldsom trængsel og alarm,	Welch Gedränge, Schieben und Alarm,
det er koldt, og man maa gaa sig varm;	in der Kälte macht das Gehen warm.
lygten tændes klokken fire alt,	Schon um vier ist jetzt Laternenzeit,
det skal være aften med gevalt.	Abendstimmung, auch, wenn's nicht so weit.
Midt paa gaden sælges træer og frugt,	Auf der Straßen Mitte: Tannen, Obst,
Se, butikken, hvor den straaler smukt,	und manch Laden festlich strahlend lohnt,
varer kan man faa i tusindvis,	Waren gibt's zum Kauf in tausendweis,
tænk Dem bare under indkøbspris,	denken Sie nur unter Einkaufspreis.
pris, pris, pris, pris, pris, pris,	Preis, Preis, Preis, Preis, Preis, Preis,
tænk Dem bare under indkøbspris.	denken Sie nur unter Einkaufspreis.

(P. Faber: „Julestemning", „Sikken voldsom trængsel …", 1848)

Lithografie nach E. Heilemanns Zeichnung, um 1900

Martinabend – Mortensaften

Mit dem heiligen Martin, „Morten", wie er in Dänemark heißt, verbindet sich heute nur noch der Martinsabend, d. h. der Abend vor Martinstag (11. 11.), an dem Gans oder deren kleinere Version, Ente, gegessen wird. Der Martinskult kam aus Deutschland nach Norden. In den verschiedenen deutschen Landschaften gibt es bis heute Martinsfeuer und Umzüge, wenngleich sich die Vorstellung von dem berittenen Heiligen teilweise mit der Überlieferung von Michael und Georg durchmischt. Je

weiter wir nach Norden kommen, desto spärlicher sind die Reste des Kultes. Teilweise hat sich in Norddeutschland der Nachruf des Heiligen auch mit einem anderen Martin durchmengt, nämlich mit Martin Luther, der ausgerechnet am 11. November Geburtstag hat. „Mortensgås" ist aber seit dem ausgehenden 19. Jh. in Dänemark als festliches Essen verbreitet.

Die zu Grunde liegende Legende ist die auch in Deutschland erzählte: Die Gans hatte durch Schnattern den Heiligen verraten und müsse nun zur Strafe geschlachtet und gegessen werden. Martin hatte als einfacher Mönch (angeblich der erste) in Poitier gelebt und sollte 370 zum Bischof von Tours geweiht werden, dem er sich aus Bescheidenheit zu entziehen suchte. Das Verstecken freilich nützte ihm wegen der schwatzhaften Gänse nichts. Die Legende vermischt sich mit der Geschichte von den Kapitolinischen Gänsen in Rom.

Zur Martinszeit war gleichzeitig das große Erntefest. Die Gans wurde mit Schweinen und anderen Nutztieren für den Wintervorrat geschlachtet und eingesalzen. Gänse waren Teil der bäuerlichen Abgabe an den adligen Landherren. Die bäuerliche Bevölkerung hat in der Folgezeit weiter Gänse gemästet, kaum aber selbst gegessen, sondern die Märkte der Stadt damit beliefert.

In „Peters Jul" gibt es eine eigene Geschichte über Aufzucht und weiteres Schicksal der Weihnachtsgans:

Der Ganter kam aufs Feld, sobald das Korn war weg.
Das mochte er gut leiden, und sagte deshalb „gäk!"
Am Martinstag die Magd mit blankem Messer flink
Ihn schaudern ließ, er dachte, es ihm ans Leben ging.

Sie wetzte es am Holzschuh, dem Ganter sehr zum Schreck,
Hoch überflog er Zäune und schrie verzweifelt „gäk!"
Das Mädchen ließ ihn laufen, ergriff ein andres Tier,
Froh tanzt er auf den Feldern auf kurzer Beine Zier.

(J. Krohn: „Peters Jul", 1866)

Stattdessen ereilt ihn vor Weihnachten das Schicksal einer Weihnachtsgans.

Weihnachtsbettlerin besucht den Hof am Backtag (um 1830) (Dahlerup 1941)

Mildtätigkeit

Die Sorge für die Armen hatte zu Weihnachten christliche Tradition. Die guten Werke im Diesseits würden im nächsten Leben angerechnet. Viele der zeremoniellen Bettelgänge zur Weihnachtszeit erlaubten es den Armen, zusätzliche Lebensmittel zu erhalten. Die Haushalte auf dem Lande waren auf diese Geschenke eingerichtet. An Back- und Schlachttagen erhielten die Armen selbstver-

Weihnachtsfest der „Weihnachtslosen" im Odd Fellow Palæet, Kopenhagen um 1915

ständlich, wie nach einem Recht aus alter Zeit, ihren Anteil. Am Ende des 19. Jh. suchten in den Städten verschiedene Vereine und Institutionen die Weihnachtshilfe zu institutionalisieren. Typisch sind dabei Initiativen der Presse, zuerst 1911 von der Tageszeitung „Politiken", deren Redakteur Anker Kirkeby bei den Abonnenten Geld sammelte, um den Armen eine Weihnachtsfeier mit allem Zubehör auszurichten, „de juleløses jul" (Weihnacht der Weihnachtslosen): eine festliche, uns heute seltsam anmutende Massenspeisung im damals größten Konzertsaal, Odd Fellow Palæet, einschließlich Weihnachtsliedern von einem großen Orchester auf der Bühne. Nach Grütze, Braten und „juleøl" bekam jeder Teilnehmer einen großen Fresskorb mit nach Hause, ähnlich also wie die Weihnachtspakete der verdienstvollen Aktion des Hamburger Abendblattes (Von Mensch zu Mensch).

In der Folgezeit haben die großen Tageszeitungen in Danmarks Radio eigene Weihnachtsprogramme finanziert, um die Spendenfreude der Hörer anzustacheln.

Die erfolgreichste dieser Sammelinitiativen war aber zweifellos seit 1904 die „julemærke", die erste Wohlfahrtsmarke der Welt (siehe: Briefmarke).

Neujahr - Nytår

Im Mittelalter wechselte der Anfang des neuen Jahres mehrfach den Termin. 1691 legte Papst Innozenz XII. den 1. Januar fest. In Dänemark galt er allgemein erst nach der Kalenderreform von 1700, als der gregorianische Kalender den julianischen ersetzte. Das heutige Neujahrszeremoniell unterscheidet sich kaum von dem in Deutschland, außer, dass es weniger knallt – staatlich geregelt, um Hörschäden zu vermeiden. Man verbringt den Abend eher mit Freunden als der Familie, oft als „sammenskudsgilde", wozu jeder etwas beisteuert. Scherzartikel waren vor 1900 weitgehend unbekannt, bevor der deutsche Markt mit einem eigenen Industriezweig von Thüringen aus auch in Dänemark den Spaß kommerzialisierte. Die Narrenfreiheit, einmal zu tun, was sonst nicht erlaubt ist, trieb auf dem Lande und in der Kleinstadt in der zweiten Hälfte des 19. Jh. die seltsamsten Blüten. Man vertauschte in

Feuerwerk auf dem Rathausplatz, Kopenhagen, 1900/01, nach einer Zeichnung von Franz Saedivy

den Ställen Pferde mit Kühen, entfernte Gerät, stellte den Acker-
wagen aufs Dach usw. In der Stadt ließen sich Fahrräder am Flag-
genmast hochziehen und Gartenpforten aushängen und wegbrin-
gen. Beliebt war der Krach, den man mit schadhaften irdenen Töp-
fen an Nachbars Haustür machen konnte:

> Ach, wie es draußen rumort und klopft,
> an Karens Tür zerschellte ein Topf,
> das war wohl der Anders, denn Karen sagt,
> dass er Mädchen neckt, wenn es behagt.
> Und draußen knallt es jetzt Schuss auf Schuss,
> so feiern die Knaben des Jahres Schluss …
> (J. Krohn: „Peters Jul", 1866)

Die Schießerei stammte ursprünglich vom Militär zu
Land und Wasser, die mit „løst krudt" den Jahres-
wechsel bezeichneten und dabei Pulver zweifelhafter
Qualität vernichteten. Zunehmend gab es im letzten
Viertel des 19. Jh. aber in den Städten käufliches Feuerwerk, „kinesere" (Böller) und „frøer" (Knallfrösche).
Um 12 Uhr versammelt man sich vor Radio oder TV
und zählt gemeinsam die Glockenschläge vom Kopenhagener Rathausturm. Beim letzten Schlag werden die Gläser mit Punsch oder Glögg (siehe dort) er-
hoben. „Glædeligt Nyt-år". Dazu gibt es „æbleskiver" (siehe dort). Es folgt im Radio, das aus nostalgi-
schen Gründen eher läuft als der Fernseher, gesungen
vom Radiochor Grundtvigs Psalm von 1849:

„Romtoddy" (Grog), Stößel
von Holmegaard

Vær velkommen, Herrens år,	Sei willkommen, Jahr des Herrn
og vel kommen herhid!	Und willkommen hierher!
Sandheds Gud! Lad dit	Wahrheits Gott! Lass dein
hellige ord	heiliges Wort
Oplive, oplyse det høje nord !	beleben, erhellen das hohe Nord!
Velkommen nytår og	Willkommen Neujahr und
velkommen her!	willkommen hier!

Es folgt Carl Nielsens Helios-Ouverture.

Die Rede der Königin, „Dronningens Nytårstale", hörte man schon am Nachmittag. Margrethe II. setzt darin die Tradition ihres Vaters und Großvaters fort. Christian X. hatte während der deutschen Besatzung 1942 erstmals eine Neujahrsansprache gehalten, die aus politischen Gründen erst 1945 wieder aufgenommen werden konnte.

Nikolaus

St. Nikolaus ist der Ahnherr des heutigen Weihnachtsmannes (siehe dort), der als „Fader Jul" 1866 in Krohns „Peters Jul" in Dänemark sein Entree hat. St. Nikolaus lieferte die in Dänemark gebräuchlichen Vornamen Nikolai, Niels, Nik, Nis und Klaus.

Nikolaus war im 4. Jh. Bischof von Myra in Lykien im südwestlichen Kleinasien. Seine Legende überschneidet sich mit der des Abtes Nikolaus von Sion, der zwei Jahrhunderte später lebte. Nach Norden gelangte die Nikolausverehrung durch die griechische Prinzessin Theophanu, die Gemahlin Kaiser Ottos II. Er wurde im Mittelalter zu einem der beliebtesten Heiligen. Als Patron der Seeleute traf man ihn in den Hafenstädten. Er ist Schutzheiliger der Schüler, denn sein Festtag lag mit dem 6. Dezember am Ende des Schuljahres. Auch hatte er nach der Legende drei ermordete Schüler zum Leben erweckt. 2000 Kirchen sind in Europa nach ihm benannt, davon 75 in Dänemark. Die weitere Verbreitung des Nikolauskultes mit ausführlichem Brauchtum wurde in Dänemark durch die Reformation gestoppt.

Nisse

Der Nisse ist im dänischen Weihnachten allgegenwärtig. Seine Beliebtheit und Menge geht so weit, dass er fast jegliche christliche Symbolik in Läden und der weihnachtlichen Ausschmückung der Stadt verdrängt hat. Er kommt somit dem staatlichen Bestreben nach Political Correctness entgegen, jegliche religiöse Erscheinung, die Andersgläubige stören könnte, aus dem öffentlichen Leben fern zu halten. Nisseorkester spielen auf, Kinder und viele Erwachsene gehen auch auf der Straße mit „nissehue", der roten Zipfelmütze, die es in verschiedensten Ausführungen in jedem Supermarkt zu kaufen gibt. Der Nisse ist uralt, wenngleich seine körperliche Erscheinung als

kleiner, alter, rot bemützter Mann erst eine Erfindung des 19. Jh. ist. Ursprünglich war er identisch mit „gårdboen", dem unsichtbaren Schutzgeist von Haus und Hof. In Schweden heißt er „tomte". Wahrscheinlich ist der Hausnisse ein Überbleibsel aus vorchristlicher Zeit. Er ist Gegenspieler des Trolles, dessen Wohnung in der Natur nur einmal im Jahr, in der Weihnachtsnacht, sichtbar wird, was für den unglücklichen menschlichen Beobachter allerdings die Gefahr der ewigen Vereinnahmung birgt.

Prototyp des dänischen Nisse. Illustration von Vilhelm Pedersen 1849 zu H. C. Andersen: „Nissen og Spækhøkeren"

Der Trollhügel erhebt sich auf Säulen, eine Vorstellung, die Edvard Grieg mit seinem „Brylluppet på trollhaugen" musikalisch beschrieben hat. In Dänemark mischt sich die Vorstellung mit der von der Wohnung der Elfen, „Elverhøj". Der Nisse wacht jedenfalls über den Hof, über Kühe und Pferde und bewahrt sie vor allem Schaden, auch der Böswilligkeit der Trolle. Alle unerklärlichen Begebenheiten auf dem Hof werden ihm zugeschrieben. Unbedingt nötig ist seine Weihnachtsspeisung mit Grütze und Weihnachtsbier, das für ihn auf den Dachboden gebracht wird. Gegen Mitte des 19. Jh. gewinnt der unsichtbare Nisse in Dichtung und Bildkunst eine fassbare Gestalt, deutlich beeinflusst durch die deutschen Zwerge, die als Hüter des Schatzes auch in der Tiefe der Bergwerke schuften. Ihre kleine, spitz bemützte Gestalt entstand

Nissekönig, Zeich-
nung von Nisse-
Møller für Alfred
Jacobsens Danske
Billeder No 232.
Klebealbum, Museet
på Koldinghus

Glædelig Jul

Julekort mit Nisser,
1920er-/1940er-Jahre

folglich nach dem Aussehen der Arbeitskleidung von Bergknappen mit ihrer spitzen, schützenden Kapuze. Der Nisse der Kunstmärchen von H. C. Andersen nahm genau diese Erscheinung an. Stark beeinflusst von deutschen Zwergenbildern sind auch die Zwergengestalten von Johan Thomas Lundbye (1818–48), der sich selbst gern als bärtigen, bemützten Zwerg darstellt. Auch der Maler Constantin Hansen (1804–80) verfeinerte dieses Zwergenbild. Das

Selbst gestricktes Nissepaar, 1990er-Jahre

Weihnachtsfest der skandinavischen Künstler in Rom fand 1837 just bei Constantin Hansen im Atelier statt, das er selbst zu diesem Anlass mit Zwergenszenen ausgemalt hatte.

Weiteren Kreisen bekannt wurde diese Gestalt des Nisse 1851 durch das satirische Blatt „Folkets Nisse". In der Folgezeit typenbildend für die Nisser wirkten vor allem Peter Nikolai Møller (siehe: Nisse-Möller) mit seinen Postkarten oder Carsten Ravn (1859–1914). Beide zeichneten Nisser in allen Lebenslagen für die Bilderbögen von Alfred Jacobsen, die seit 1875 erschienen.

Nissehuer (Mützen) aus dem Supermarktprospekt, 2002

Nisse: Garnnisse

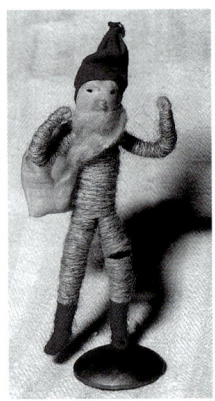

Kunstgewerbe-Nisse, 1930er-Jahre

Kravlenisser. Ausschneidebogen aus heutiger Produktion, Topp, Skive, DK

Ein Garnnisse ist schlichtweg ein Nisse aus Wollgarn. Seine klassische Ausformung entspricht dem Garnnisse meiner Urgroßtante Magdalene am Frederiks Hospital in Kopenhagen (siehe Einleitung): Aus rotem oder grauem Wollgarn wickelt man eine Schlaufe um die Hand. Diese wird abgebunden und bildet Beine, Leib und Kopf. Eine zweite, kürzere Schlaufe, durch die erste gesteckt, ergibt die Arme. Hände Füße und Gesicht entstehen durch Umwicklung mit Seidenfaden, Gesichtszüge werden aufgestickt, der Kräuselbart gehäkelt. Die rote Seidenmütze ist genäht und ganz feine Nisser tragen winzige Holzschuhe (die es heutzutage sogar fertig im Bastelladen gibt), früher oft „von einem alten Mann" aus Lindenholz geschnitzt. Garnnisser bevölkern in größerer Zahl den Weihnachtsbaum. Eine andere Methode ist die Körperbildung aus Pfeifenreinigern (Senille) mit anschließender dicker Garnumwicklung. In Heimarbeit entstanden, konnte man in den 1930er-Jahren solche Nisser in Handarbeits-, Kunstgewerbe- und Papiergeschäften kaufen.

Nisse: Kletterzwerg – Kravlenisse

Auch der bekannte Zeitungszeichner Knud Banning schuf 1947 einen Bilderbogen mit Wichteln, die er „kravlenisser" nannte und die völlig anders aussahen und sich benahmen als ihre Vorgänger. Sie ließen sich ausschneiden und nicht nur am Baum, sondern überall hinhängen, an Regale, Fensterbretter, Bilderrahmen. Sie kletterten und krabbelten und gaben erstmals der Stube jene Nissebevölkerung, die heute in manchem Heim geradezu überbordet. Zwölf andere Künstler machten mit Bannings Erfindung piratenhaft weiter.

Nisse-Møller

Das Aussehen der heutigen Nisser ist wesentlich beeinflusst von den weit verbreiteten Postkarten und Bilderbögen von „Nisse-Møller" aus Kolding.

Peter Nikolai Møller (1839–1910), ein Kaufmannssohn, ertaubte mit zwei Jahren und lernte nicht sprechen. Die Eltern sandten ihn nach Kopenhagen zu dem besten Sprachtherapeuten der Zeit, Dr. Bansmann, bei dem er als Privatpatient auch wohnte. Finanziert wurde dieser exklusive Sonderunterricht durch eine persönliche Zuwendung des Königs, den der Junge mit seinem Therapeuten regelmäßig zu besuchen hatte, um die Fortschritte zu zeigen. Peters ausgesprochenes Zeichentalent sicherte ihm einen Platz an der Akademie, dem allerdings eine Malerlehre vorauszugehen hatte. Nach gründlicher akademischer Ausbildung 1859–68 wird er Überglasur-Maler an der Königlichen Porzellanmanufaktur, Spezialist für Porträts auf Prachtstücken. Besonders betraut man ihn mit Porträts der Königsfamilie. Nach Unregelmäßigkeiten muss er als freier Künstler nach Kolding zurückkehren, wo er vor allem religiöse Gemälde schafft für Kirchen und die vielen Missionshäuser. Seinen Ruhm allerdings begründeten seine Nisse-Bilder, besonders auf Postkarten, ein gemütlicher kleiner, leicht verwachsener Kerl auf krummen Beinen, der Musik liebt und als Freund und Gegenspieler den Kater hat.

Nisseorkester

In jedem größeren Einkaufszentrum und den Straßen jeder weihnachtlich geschmückten Kleinstadt begegnet man im Dezember auch einer Kapelle von Blechbläsern, einer „nissegarde". Finanziert wird sie von den örtlichen Händlerverbänden. Unter der roten Kleidung stecken meist Mitglieder der Pfadfinder. Neben dänischen Weihnachtsliedern spielen sie viel Amerikanisches wie „Jingle Bells" und „Rudolf the red-nosed reindeer". Zum Marschieren ist jedenfalls etwas im $^4/_4$-Takt vonnöten (Foto siehe Einleitung).

Og på hans bord forleden dag
Jeg så et yndigt lille flag,
Og det jeg ikke glemmer.
Papir han klipper med en saks;
Men når jeg kommer ind han straks
Sin stads i skuffen gemmer.

Ein kleiner Danebrog sogar
ganz kurz bei ihm zu sehen war.
Das werd' ich nie vergessen.
Wie er Papier schön schneiden kann,
doch komm ins Zimmer ich, er dann
verbirgts als nie gewesen.

(J. Krohn: „Peters Jul", 1866)

Ein großer Teil des Schmuckes am Weihnachtsbaum war aus Papier. Erst seit etwa 1875 gab es die bunten lithografischen Bilderbögen zum Ausschneiden und Zusammenkleben von Körben, Tüten und Figuren. Davor war alles nach überlieferter Methode selbst gefaltet, geschnitten und zusammengeklebt, eine Sitte, die sich in Dänemark bis heute lebendig erhalten hat. Man bastelt nicht nur in der Familie, man lädt zum „klippedag" ein, sei es in Vereinen, Kirchengemeinden, Schulen. Seit einigen Jahren gibt es allerdings von Pobra (Povl Brandt), dem Hersteller und Grossisten schlechthin für Weihnachtszubehör, auch vorgestanzte Bögen, mit denen man den Klassiker, das typische dänische Flechtherz, als Halbprodukt kaufen kann. Am einfachsten sind die Spitztüten, zusammengerollt und geklebt aus dem „Tortenstück" eines Kreises aus Karton oder Tonpapier, dann Körbe in allerlei Formen und das Netz aus Seidenpapier, wie es auch an den Weihnachtsbäumen Theodor Storms gehangen hat. Dann Mäusetreppen, Girlanden, die Himmelsleiter, Sterne flach und plastisch, Fröbelsterne, Papierblumen und vor allem das Herz in verschiedensten Techniken und

Materialien. Klassiker ist der geflochtene Korb aus Glanzpapier in den Farben Rot und Weiß wie der Danebrog, der auch auf die Fröbeltechnik zurückgeht und wohl wie die meisten anderen Papierschnitte um 1850 entstanden sein muss. Es gibt regelrechte Wettbewerbe im Herzflechten, wer die ausgefallensten Varianten und vor allem die kleinste Unterteilung der Flechtstreifen zu Stande bringt.
In den Kindergärten hat sich im Rahmen der Political Correctness in den letzten Jahren vielfach durchgesetzt, um die Gefühle muslimischer Kinder nicht zu verletzen, möglichst nur Unverfängliches herzustellen, z. B. Figuren von Walt Disney, die nach Möglichkeit keinerlei Bezug zu Weihnachten haben dürfen.

Peters Jul

Die dänische Weihnachtsgeschichte schlechthin ist bis heute Johan und Pietro Krohns (siehe dort) „Peters Jul". In vielen Familien wird das Buch von 1866 Weihnachten hervorgeholt und benutzt, vielfach partienweise auswendig gekonnt. Redewendungen daraus sind in den allgemeinen Sprachgebrauch eingegangen, etwa die Einleitung: „Jeg glæder mig i denne Tid/ Nu falder Julesneen hvid./ Nu veed jeg Julen kommer."(Wie freu ich mich in dieser Zeit; der Weihnachtsschnee fällt sacht und weiß,/ wills endlich Weihnacht werden).
Wir können es als Quelle zum Ablauf des gesamten dänischen Weihnachtszeremoniells in besseren bürgerlichen Kreisen nutzen: Peter (= Pietro?) freut sich auf Weihnachten, das naht, weil ja Schnee fällt. – Auch der Vater benimmt sich wunderlich, kommt mit vollen Taschen aus der Stadt und schneidet heimlich Papierschmuck. Die Mutter flüstert mit dem

Peters Jul
Vers for Børn
af
J. Krohn
Med Tegninger af
Pietro Krohn
GYLDENDAL

Blick in die
Gänsefüllung

Hausknecht, und die Schwester strickt und häkelt für Geschenke. Mit dem Hausmädchen besucht Peter den Bäcker für die Weihnachtsbestellung und die Großmutter, um sie überflüssigerweise zum Kommen zu animieren, indem er die zu erwartenden Attraktionen beschreibt, Baum und Gans und, und, … Großmutter revanchiert sich am Weihnachtsabend mit der Geschichte vom Vater Jul, der den Baum entzündet, wenn die Kinder sich ordentlich benommen haben. Dann erfahren wir vom prächtigen Baum und der Aufzucht und dem weiteren Schicksal der Weihnachtsgans. Ein Armer wird mit alter Kleidung beschenkt und bespeist und schon ist es Neujahr mit „æbleski-

ver". An Dreikönige klingt Weihnachten aus. Und schließlich wird der Baum vom Müllmann geholt: „Verwelkt war er wohl, auch trocken wie Staub,/ und doch schien es Frevel und grausamer Raub/ eines Freunds, der für immer verreiste."

Titelblatt Peters Jul. Ausgabe um 1925 mit
Illustrationen von Erik Henningsen

Alles frische Grün, lebende Pflanzen, Blumen sind in der kalten Jahreszeit, wenn die Vegetation ruht, besonders im Norden von besonderer Faszination. Sie sind paradiesisches Element des Weihnachtsfestes und illustrieren den lebendigen Christus. Der Zauber verblasst in unserer Zeit, wo weltweite Transporte blühende Blumen zu jeder Jahreszeit vorrätig halten. Eine Tradition zur Unzeit blühender Zweige (Barbarazwei-

Weihnachtskaktus. 100-jährige Pflanze aus Dänemark, Hamburg 2013

ge) wie in Deutschland scheint es in Dänemark nicht gegeben zu haben. Neben der Christrose im Freien und der „Rose von Jericho" sind die typischen Winterblumen in Dänemark solche im Topf. Die Christrose entfaltet in der Heiligen Nacht ihre Blüten, und die Rose von Jericho, die dürre Staude aus Afrika, stellt eine direkte Verbindung zum Heiligen Land her. Ein anderer Klassiker ist bis heute die Hyazinthe im Glas, unter einem Papphütchen getrieben und die Weihnachtsstube mit paradiesischem Duft füllend. Gläser lieferte Holmegaards Glasværk.

Viele Familien hegen ihren Weihnachtskaktus (julekaktus), der sich mit Temperaturwechsel und Wasserrationierung zum Blühen genau auf Weihnachten einstellen lässt. Die Pflanze wird teilweise durch mehrere Generationen vererbt. Meine hat Großtante Christine Clausen aus Vejle gehört. Die Weihnachts-Topfpflanzen sind Modepflanzen. 1890 begann es mit der Weihnachtsbegonie. Nach dem Zweiten Weltkrieg wurde der Weihnachtsstern (julestjerne) modern, dessen rote Scheinblüten und grüne Blätter genau den Weihnachtsfarben entsprechen. 1950 war er auf der „julemærke" (siehe: Briefmarken) in 60 Mio. Stück abgebildet, was zu seiner Popularität beitrug. Seit den 1970er-Jahren gelang es, kälte- und zugresistente Sorten zu veredeln.

Ein dänisches Weihnachtsfest ohne Benutzung des Porzellans aus der Königlichen Porzellanfabrik oder der von Bing & Grøndahl war vor 100 Jahren, wie heute, ganz undenkbar. Das Porzellan gehört zum festlich gedeckten Tisch, es wird ein bestimmtes, meist klassisches Muster gesammelt und über Generationen weitervererbt.

Die typische blaue Unterglasurdekoration ist sogar spülmaschinenfest. Die Königliche Fabrik steht heute allerdings an der Schwelle, aus wirtschaftlicher Notwendigkeit ihre Malerei in fernöstliche Billiglohnländer zu verlagern.

Die Fabrik geht zurück auf Frantz Henrich Müller, der seit 1772 Porzellanerde aus Bornholm nutzte. Das Monopol von 1775 brachte die heute noch gemarkten drei Wellenlinien hervor. Um dem wirtschaftlichen Zusammenbruch entgegenzuwirken, übernahm der dänische König 1774 die Fabrik als Staatsbetrieb. Der Erfolg stellte sich mit Fachleuten aus Dresden, Nürnberg und Berlin ein. Zu wirklichem Ruhm gelangte das dänische Porzellan in den letzten Jahrzehnten des 19. Jh. unter dem Keramiker Prof. Arnold Krogh (1856–1931). Inspiriert von japanischer Kunst errang man 1889 mit der blauen Unterglasurmalerei den Grand Prix auf der Weltausstellung in Paris, ebenfalls 1900 mit Entwürfen des Malers J. F. Willumsen (1863–1958).

Essgeschirr von der Königl. Porzellanfabrik mit Muster „musselmalet", Werksfoto 2003

Radio

Das staatliche Danmarks Radio hieß bis 1959 Statsradiofonien und ging am 1. April 1925 auf Sendung. Das berühmte Pausenzeichen vom Programm I spielt seit 1931 eine mit Runen aufgezeichnete Volksmelodie von 1300. Schon in der Anfangszeit des Radios übertrug man einen Weihnachtsgottesdienst. Seit 1962 gibt es nach schwedischem Vorbild einen „julekalender" (siehe: Adventskalender), eine Geschichte in 24 Fortsetzungen, z. B. „Jul i Gammelby" (1979); „Nissebanden" (1984); „Jul på Slottet" (1986); „Bamses Julerejse" (1996); „Jul på Kronborg" (2000); „Alle tiders jul" (1994) (siehe: Mildtätigkeit).

Rummelpott

Das traditionelle Lärmgerät aller Bettelgänge zu Weihnachten war der Rummelpott, in Europa weit verbreitet. In Dänemark hieß er „rummelpot", „brummepotte", „buddipott", „voffepott", „vakkepot", je nach Gegend. Am längsten hat man ihn in Sønderjylland und dem nördlichen Jütland verwendet.

Seine Konstruktion hängt unmittelbar mit dem herbstlichen Schlachttermin zusammen, denn man braucht zur Bespannung eine Schweinsblase. In dieser steckt eingebunden ein

Federkiel oder ein Stück Schilf- oder Reetrohr, das man mit nassen Fingern zur Erzeugung eines brummenden Tones reibt, der sich durch den Resonanzboden verstärkt. Der Effekt lässt sich mit eingelegten getrockneten Erbsen oder Steinchen steigern.

Begleitet wird das erzeugte Geräusch von Versen und Gesängen, die teilweise gleichlautend in plattdeutscher und dänischer Ausgabe überliefert sind:

Rummelpottläufer in Schleswig-Holstein, Druck nach Gemälde von Carl Schildt, um 1890

Jomfru luk æ dø op
æ rummelpot vil ind
der kommer et skif fra
                    Holland
der har sa gojd en vind …

Fruken, maak de Dör up
Un laat de Rummelpott in
Un wenn dat Schipp von
Holland kummt,
So hät dat moje Winn …

74

Saubermachen – Julerengøring

Unerlässlich war vor dem Weihnachtsfest die gründliche Säube-
rung des Hauses, in den Zeiten vor dem Staubsauger ein großer
Aufwand mit Klopfen, Schrubben, Scheuern und Waschen. Dahinter stand als praktische Notwendigkeit der Aberglaube, mit dem

alten Jahr auch dessen Unsauberkeit
hinauszubefördern, Licht und Leben hineinzulassen. Wichtige Uten-
silien dabei waren Soda, Sand und
braune oder grüne Schmierseife
(grøn sæbe) in den entsprechenden
hellblauen Emailbehältern von Glud
& Marstrand. Zwischen Weihnachten und Neujahr hatte derlei Akti-
vität, auch Wäschewaschen, zu
unterbleiben, um nicht Unglück
über Haus und Hof zu bringen.

Handseife in Email-
schale von Glud &
Marstrand, um 1920

Schmuck – Juletræspynt

Ein wesentliches Element der Erscheinung eines dänischen Weihnachtsbaumes sind die selbst ge-
machten Papierschnitte (siehe dort),
später das aus gedruckten lithografischen Bögen Zusammengefügte,
Körbe, auch solche von Tiergestalt,
und Spitztüten aus weißem oder gol-
denem Papier. Dazu kommen Netze
und geschnittene Sterne. Wesentlich

Bastelbogen für Behang-Körbchen, um
1920, Lithografie Alfred Jacobsen: Danske
Billeder, 364

75

ist die patriotische Note, nämlich die seit 1848/50 obligaten Girlanden aus Danebrogs, heute fertig zu kaufen, und die Papptrommeln in Weiß und Rot. Wichtig war die Dekoration mit kleinen, aufhängbaren Geschenken für die Kinder. Jedes Kind erhielt meist nur ein Teil, das vom Baum genommen wurde, bevor das eigentliche Plündern erfolgte. Charakteristisch sind auch die Girlanden aus tanzenden Papierzwergen und unbedingt nötig und von Anfang an dabei die Himmelsleiter aus Papier, zur Illustration von Jacobs Traum. Sie soll den Engeln eine Kletterhilfe sein. Hierzu kommt ein ganzer Reigen an Essbarem, das es im übrigen Jahr nicht gibt. Gebackene oder aus Zucker geformte Figuren von Menschen und Tieren, exotische Früchte wie Datteln und einheimische wie Walnüsse, die unbedingt vergoldet sein müssen. Von den Äpfeln, die den Paradiesbaum illustrieren, sind einige natur, möglichst rot, und andere mit Schaumgold vergoldet oder schlicht in Goldpapier gewickelt. Im letzten Viertel des 19. Jh. gleicht sich dieser Anblick immer mehr dem Baum an, den wir in Deutschland kennen, weil die deutsche Produktion an Weihnachtszubehör zunimmt und den Weltmarkt zu überschwemmen beginnt. Optisch am wenigsten beeinträchtigten die aus Blech gepressten Kerzenhalter, die praktisch und wiederverwendbar das umständliche Festmachen der roten und weißen Kerzen mit Drahtwicklung ersetzten.

Eine wesentliche Veränderung brachte jedoch der bald überhand nehmende Glasschmuck aus Thüringen, von dem freilich in Dänemark meist nur silbrige Kugeln, Trompeten und einzelne Vögel wie Schwäne verwendet wurden.

Während in den ersten Jahren des bürgerlichen Weihnachtbaumes Unklarheit darüber herrschte, was an der Spitze anzubringen sei, setzte sich immer mehr der Stern durch, der einfach aus Goldpapier sein konnte, wie H. C. Andersen es in „Grantræet" beschreibt, bald aber plastisch und vielzackig wurde, oftmals in Art des Herrnhuter Sternes.

Weiße Weihnachten, „hvid jul", ist, wie in Deutschland, auch in Dänemark ein Klischee, ein Wintertraum. Trotz anderer Erinnerung hat es weder in unserer Jugend noch zur Zeit der Eltern oder Großeltern in Norddeutschland oder Dänemark regelmäßig weihnachtlichen Schneefall gegeben. Die Erwartungen werden genährt durch die entsprechenden stimmungsvollen Weihnachtskarten, den Anfang von „Peters Jul", „nu falder Julesneen hvid", und entsprechenden Liedern, wie dem Dauerbrenner von Irving Berlin (1888–1989) von 1942, „I am dreaming of a white Christmas" aus dem Film „Holiday Inn" mit Bing Crosby und Fred Astaire.

Es folgt daraus, dass ohne Schnee eigentlich kein „richtiges" Weihnachten sein kann. Nach Mitteilung von Danmarks Meteorologiske Institut ist die Möglichkeit gering, denn per Definition muss am 24. Dezember über 90 % der Fläche Dänemarks unter mindestens ½ cm Schnee liegen. Im 20. Jh. ergab das eine Wahrscheinlichkeit von 7 %, nämlich 1915, 1923, 1938, 1956, 1969, 1981 und 1995. 1915 war zu viel des Guten: 10–15 cm mit starkem Sturm, der vom 22. bis 29. Dezember Straßen und Schienen unpassierbar machte. Das normale Weihnachten in Dänemark ist grau und mild.

Innentitel des Jahresheftes „Juleroser" 1933 nach einem Gemälde v. Fritz Kraul

Weihnachten war und ist im ganzen Norden, so auch in Dänemark, die Zeit des Spielens und der Spiele. Wichtiger Rahmen dafür war bis zur Mitte des 19. Jh. besonders in der ländlichen Bevölkerung die „julestue" (Weihnachtsspielstube).
Besonders in Schweden hat sich die Sitte für die Zeit nach dem zweiten Weihnachtstag bis Heilige Drei Könige lange gehalten. Man lud sich dazu gegenseitig ein. Nach den Tagen großer Völlerei

B. Dahlerup.

„Blindebuk"
(Blindekuh),
um 1830
(Dahlerup 1941)

war die Hauptsache nun lustige Geselligkeit, begleitet von Strömen von „juleøl" (Weihnachtsbier). Die Musik lieferten Spielleute. In den Städten waren diese Festlichkeiten am Anfang des 18. Jh. der Obrigkeit ein Dorn im Auge. 1730 und 1735 suchten Verbote die Aufmerksamkeit weg vom Bier auf die Glaubensinhalte zu lenken, und Ludwig Holbergs Satire „Jule Stue" tat die Lustbarkeit als unzeitgemäß, bäuerlich und primitiv ab. Freilich bewirkte all das nicht viel. Die Spielerei im privaten Bereich ließ sich nicht unterbinden. Klassiker waren Spiele, deren Ursprung sich bis ins Mittelalter verfolgen lässt, wie „blindebuk" (Blindekuh), „frierleg" (Freierspiel) und Singspiele, wie sie schließlich nur noch von den Kindern gespielt wurden und heute noch Bestandteil des „juletræsfest" in Verein, Kirchengemeinde, Kindergarten usw. sind: z. B. „Tornerose" (Dornröschen), begleitet von den entsprechenden Gesten für Schloss, böse Fee, Dornenhecke, schlafen usw., oder „Bro bro brille": Dabei sind zwei Kinder Sonne und Mond, fassen sich an den Händen als Brücke, unter der die übrigen als Reihe hindurchmüssen, wobei man gefangen werden kann usw.

Bro bro brille	Brücke Brücke, Brille
Klokken ringer elleve	die Uhr schlägt elfe
Kejseren staar pa sit høje hvide Slot	Der Kaiser steht auf hohem, weißem Schloss,
så hvidt som et Kridt	so kreideweiß
så sort som et Kul	so kohlenschwarz
Fare, fare krigsmand	Gefahr, Gefahr, oh Kriegsmann
Døden skal du lide	tot seist du, das Opfer
Den der kommer allersidst	Der da kommt zu allerletzt
Skal i den sorte Gryde	kommt in den schwarzen Topfe

„Bro bro brille",
um 1830
(Dahlerup 1941)

Weihnachten war auch im 19. Jh. die Zeit der Gesellschaftsspiele. Selbst am Weihnachtsabend zogen sich die Herren mit Tabak und Portwein zurück, um Karten zu spielen, während die Damen mehr zu Likör und selbst gemachtem Konfekt (aus Datteln und Marzipan in Schokoladenhülle) neigten. Abgeräumt und abgewaschen hatte praktischerweise inzwischen das Dienstmädchen, das sich selbst kleinere Beamte und mittlere Angestellte leisten konnten. Richtig gespielt wird dann aber am zweiten Weihnachtstag, nämlich „Filippine", „Gnav" und „Ludo". „Filippine" hat fast die Form eines Orakels, ist aber kaum vor 1800 entstanden und leitet sich ab von Vielliebchen bzw. Viellieb. Findet nämlich jemand beim Knacken der Haselnuss einen Doppelkern, sucht er sich einen Partner, sagt „Filippine!", macht einen Gewinn aus und muss, um zu gewinnen, nur noch an einem festgemachten Tag sich zuerst daran erinnern und „Filippine!" rufen. Pfeffernüsse bilden den Einsatz bei den üblichen Brettspielen. Typisch ist „Ludo", die Vorgängerversion von „Mensch ärgere dich nicht", und seit den 1950er-Jahren zunehmend das unendliche „Matador" (Monopoly).

Sankt Stephan – Stefansdag

Stephan war der erste Märtyrer der christlichen Kirche. Seit dem Jahr 380 wird am 26. 12. sein Heiligenfest gefeiert. In den kirchlichen Schauspielen und frommen Legenden des Mittelalters war Stephan seltsamerweise zum Diener bzw. Stallknecht von Herodes geworden. Der Erste, der den Stern von Bethlehem sieht, als er die Pferde tränkt, und dann den Königen den rechten Weg zum Stall weist.

St. Stefan han lede de fole i vand	St. Stephan wässert Pferde
alt ved den lyse stjerne:	zum Lichte des hellen Sterns;
For vist er nu profeten født	Gewiss ist der Prophet gebor'n
Som frelse skal al verden.	der alle Welt erlöst.

Stefansreiter, Holzschnitt aus einem schwedischen Skillingtryck, 1848 (nach Celander)

Pferdesteffen heißt er in Holstein. Am Stephanstag veranstaltete man im ganzen Norden Pferderennen, auch gab es Stefansreiter, wie zuletzt in Schweden, von denen einer einen Stern trägt. In manchen Gegenden Dänemarks hielten sich bis jüngst Reste anderer Stephanssitten, „Stefansløjer", so auf Mors, in Thy, Vendssyssel und Himmerland, die Gelegenheit boten, sich an ungeliebten Nachbarn zu rächen.

Stroh - Julehalm

Zur Erinnerung an den Stall von Bethlehem spielte im Norden, in Schweden mancherorts noch bis weit ins 19. Jh., die Strohschüttung in der Stube eine wichtige Rolle zur Weihnachtszeit. Hier übernachtete man gemeinsam auf dem Boden, Geschichten erzählend und sich wach haltend, eine Vigilie vor dem großen Festtag, schließlich aber wegen der Brandgefahr staatlich untersagt.

Tabak

Tabak in Form von „skrå" (Kautabak) oder Zigarren war ein beliebtes Weihnachtsgeschenk an den Herrn. Das Anzünden der väter-

Pfeifenbrett f. Schneidermeister Ferdinand Clemmensen, Frederikshavn, von Bildschnitzer Frederiksen, Kopenhagen um 1910

lichen Pfeife in „Peters Jul" war ein besonderes Weihnachtsprivileg für die Kinder. Auch Rauchutensilien, wie Garnituren (aus Messing) oder geschnitzte Pfeifenbretter, waren geeignete Geschenke. Bereits am Anfang des 17. Jh. war Tabakgenuss in Europa allgemein verbreitet, so auch im Norden. Ein anfängliches Verbot von 1632 ersetzte Christian IV. durch Einfuhrzoll. Anbauversuche in Jütland und auf Fünen wurden schon 1720 unternommen. Mehr als einfache Pfeifentabake kam dabei nicht heraus, aber um 1900 erbrachten 50 kg davon stattliche 18 bis 20 Kronen. Für die Einfuhr von Tabak „aus den warmen Ländern" war bis 1864 die Altona-Kieler Eisenbahn von großer Bedeutung, ebenso wie der Altonaer Freihafen. Der berühmte Tabakfabrikant Hirschsprung (mit der gleichnamigen Zigarrenmarke) in Kopenhagen ist heute vor allem durch seine zum Museum gewordene private Kunstsammlung ein Begriff.

Tanzen um den Baum – Dansen om Juletræet

Um Missverständnissen vorzubeugen: ein Tanz im heutigen Sinne ist das Umschreiten des dänischen Weihnachtsbaumes nicht. Wie Faber in seinem Lied von 1848 (Sikken voldsom trængsel og alarm) beschreibt, fasst man sich an den Händen und schreitet, Lieder singend, langsam herum, den Baum von allen Seiten zu bestaunen. Das war damals, als die Weihnachtsgeschenke für die Kinder noch als Schmuck daran hingen, wichtig:

Mit den Großeltern, „Morfar" und „Mormor", 1955

Døren åbnes og man
strømmer ind,
kredsen sluttes med
begejstret sind.
Børnene de hopper rask
afsted
Bedstefader han er også med,
lad os tage del i deres sang,
brødre, vi var ogsa børn
engang.

Tür geöffnet, flugs strömt man hinein,
gliedern uns im Kreis begeistert ein.
Und die Kinder finden rasch den Tritt,
selbst Großvater macht das alles mit,
Kommt, stimmt ein in des Gesangs Choral
Brüder, Kinder war' n auch wir einmal.

Hierin ein Relikt aus mittelalterlichen Reigentänzen zu sehen, ist ganz abwegig. Die Tradition ist gewiss nicht älter als der bürgerliche Weihnachtsbaum, wahrscheinlich aber erst um 1850 entstanden.

In Dänemark herrscht eine allgemein verbreitete Sammelmanie von Weihnachtsserien aller Art – Tassen, Teller, Löffel, Gläser, Schnapsflaschen, Baumbehang usw. Den Anfang machten die „juleplatter", das sind frühstücksgroße Teller, die unter keinen Umständen für Kekse sind, sondern an der Wand aufgehängt werden. Dort werden es in der Familie dann immer mehr, oft auf einer Basis von Eltern und Großeltern weit zurückreichend, und – für Weihnachtsdinge seltsam – sie hängen dort das ganze Jahr, als blauweiße Reihe, eine Art von Trophäensammlung, die man immer wieder anschauen kann. Die Sammelleidenschaft und der Wertzuwachs waren zum ersten Mal bei einem solchen Produkt von Anfang an kalkuliert, die Auflage limitiert und die Formen zerstört, um Folgeauflagen und Wertverfall zu verhindern.

Die erste „juleplatte" erschien 1895 bei Bing & Grøndahl nach Zeichnung von F. A. Hallin, ausgeführt in leichtem Relief und mit Unterglasurblau bemalt. Den Kongelige Porcelænsfabrik begann ihre Serie 1908. Von wirklich erheblichem Wert sind nur die Teller der Startjahrgänge und der Jahrgang 1945 wegen geringer Auflage, da man in Materialschwierigkeiten steckte. Auch unabhängig von Weihnachten hat es wiederholt Sonderteller gegeben, die oft nationalen Ereignissen oder teilweise auch wohltätigen Zwecken gegolten haben. Auch die großen Brauereien haben zu ihren Jubiläen eigene Teller herausgeben. 1909 erschien in Sonderausgabe die Fregatte Jylland in 496 (!) Exemplaren, um Geld für ihre Erhaltung zu beschaffen. 1920 war der Anlass „genforeningen" (die Wiederver-

Juleplatte,
Bing & Grøndahl
1899

„Jubiläumsplatte"
1895/1980

Juleske,
Silber, 1943

Juleklokke,
B & G, 1989

einigung mit den Herzogtümern). Die Teller sind von vielen anderen Herstellern nachgeahmt worden. Die besten haben freilich eigene Stillinien entwickelt, am eindrucksvollsten wohl Rosenthal mit den Entwürfen von Bjørn Wiinblad. 1978 erschien bei Hutschenreuther ein Teller nach Entwurf des Dänen Ole Winther (geb. 1929). Auch anderes als Jahresteller zu Weihnachten zu bieten, unternahm zuerst die Königliche Fabrik. 1979 bewarb sie den ersten „julekop"(Tasse) – „Sei von Anfang an dabei". Es wurde eine Abstimmung des Motivs mit dem jeweiligen Teller versucht, und der Wandteller damit auf den Tisch befördert, „um schon im nächsten Jahr für zwei decken zu können".

Theater und Film

Den Anfang der Bemühungen des dänischen Theaters um Weihnachten macht Ludvig Holberg mit seiner satirischen Komödie von 1724, „Jule Stue", die sich gegen die als bäuerlich und altertümlich emfundenen Spiele (siehe dort) zur Weihnachtszeit wendet. 1817 folgte J. F. Heiberg mit „Julespøg og Nytaarsløjer". Dann erschien als Dauerbrenner unter den Weihnachtsstücken 1886 „Ved Nytaarstid i Nøddebo Præstegaard", ein Schauspiel von Elith Reumert für das Folketeatret nach Henrik Scharlings Roman von 1862. 1932 und 1975 folgten Verfilmungen. 1932 schreibt Thorvald Larsen die Volkskomödie „Jul i Købmandsgaarden" (1951 als Film) nach dem Buch Sophie Breums von 1917. Zeitkritisch schildert ASA Film 1976 „Julefrokosten", der sehr realistische Ablauf einer typischen dänischen Weihnachtsfeierorgie mit bekannten Schauspielern wie Jørgen Ryg, Preben Kaas, Jesper Langberg und Judy Gringer (siehe auch: Bücher).

St. Thomas

St.Thomas war einer der zwölf Apostel. Bis zur Reformation hatte man in Dänemark seiner noch mit jährlicher Messe am 21.12. gedacht. Der Feiertag wurde 1770 von Struensee abgeschafft. Dabei blieb es auch nach dessen Fall. Wichtig war nach deutschem Vorbild dieser Tag als Festtag der Schüler, woran man in Süd- und Westjütland besonders lange festgehalten hat. Die Lehrer erhielten an diesem Tag ihr „Weihnachtsopfer" in Naturalien und Geld. Mitunter hatten die Schüler auch Narrenfreiheit und das Sagen. Sie durften all das machen, was die Disziplin sonst unterband, wie in der Schule Karten spielen und tanzen. Als Höhepunkt wurde das Berufssymbol des Lehrers, die Rute („riset"), verbrannt.

Vereine – Foreninger

Traditionell unter Handwerkern, zunehmend aber auch unter der organisierten Arbeiterschaft spielten zu Weihnachten Vereine eine wichtige Rolle. Sie gestalteten für die Mitglieder das „juletræsfest". Etwa lud „Håndværkerforeningen" Mitglieder mit Familie zu einem gemütlichen Nachmittag zwischen Weihnachten und Neujahr. Während die Eltern in feinstem Sonntagsstaat Kaffee tranken, spielten die Kinder unter Anleitung die üblichen Singspiele (siehe: Spiele). Schließlich wurde der mächtige Baum geplündert, jedes Kind erhielt Leckereien und ein besonderes Schmuckstück, etwa einen gläsernen Baumbehang „von weither" (aus Thüringen), und bekam einen Korb mit Süßigkeiten mit nach Hause.

Die sozialdemokratischen Arbeitervereine versuchten das christliche Fest, mit dem sie eigentlich nichts im Sinn hatten, in eine Sonnwendfeier (solhvervsfest) umzumünzen. Dabei schrieben sie auch zu den bekannten Melodien die klassischen Weihnachtslieder, dem Zweck angepasst, um. So wurde 1899 aus „Glade Jul" (ehemals „Stille Nacht") nun:

Glade jul, dejlige jul,	Schöner Jul, herrlicher Jul,
grøn er sommer og høst er gul,	grün der Sommer und Herbst so gelb
julen alene er tindrende hvid,	nur die Weihnacht so blendend in weiß
julen er fred efter årets strid.	Weihnacht ist Frieden nach jahr' langem Streit
Julen er hjerternes tid.	Weihnacht, der Herzen Zeit.

Verkehr - Julerejsen

Im Winter fiel verstärkt auf, aus wie vielen Inseln, mehr als 480, Dänemark besteht, weil nun auch für diejenigen Reisen zur Verwandtschaft oder zum Einkauf in die Hauptstadt nötig waren, die sonst in ihrem Landesteil blieben. Frost und Eisgang bedeuteten oft große Behinderungen, Schneeprobleme durch „weiße Weihnachten" (siehe: Schnee) waren meist nur örtliche Phänomene, bis auf einige große „Eiswinter". Trotz des seit dem Mittelalter bestehenden engmaschigen Straßennetzes waren einzelne Höfe oft lange von allem abgeschnitten. Typisch für die dänische Weihnachtszeit ist da das Willkommen und der Abschied

Express von Odense, 14.12.1901

von Verwandten und Freunden an der Eisenbahn oder beim Schiff im Hafen. Den Weihnachtsbesuch erleichterten wesentlich die großen Brückenbauten, die in unserer Zeit fast alle Lücken geschlossen haben, jedoch erst in den 1930er-Jahren mit Storstrøms-Broen zwischen Falster und Seeland begannen.

Weihnachtsmann - Julemanden

Der Weihnachtsmann in heutiger Gestalt ist in Dänemark eine relativ neue Erscheinung. Der erste, sozusagen leibhaftige residierte in Person des verkleideten Kontorboten Carl Dauw 1932 in Kopenhagens Nobelkaufhaus „Magasin du Nord". Die Geschenke hat der Weihnachtsmann in Dänemark (heutige private Ausnahmen bestätigen die Regel) eigentlich nie gebracht. Sie stammten, wie jedes Kind wusste, vom Nisse oder schlichtweg von den Eltern. Seine äußere Erscheinung setzte sich zusammen aus dem deutschen Weihnachtsmann mit Bart und Herrenpelz und dem amerikanischen Santa Claus. Beide hatten ohnehin in St. Nikolaus (siehe dort) den gemeinsamen Ahnen. Familienzeitschriften (mit oft deutschen Xylografien), Weihnachtskarten (die anfangs in Deutschland gedruckt waren) und Oblaten bestimmten sein Bild. In „Peters Jul" (siehe dort) von Johan Krohn (siehe dort) heißt der Weihnachtsmann „Gamle Julefar" und gleicht dem deutschen Herrn Winter. Allerdings hat er eine brennende Kerze am Hut, mit der er die Kerzen am Baum entzündet, falls er „brave Kinder" antrifft. Für die Geschenke sind auch hier die Eltern zuständig.

Julenisse der Kaufleute, Tondern, Dezember 2002

Zwei Weihnachts-
männer aus dem
Glanzbildalbum
meiner dänischen
Großmutter
(geb.1893), um 1900

Louis Moe, der dänisch-norwegische Autor und Zeichner, schafft
erstmals einen typisch nordischen Weihnachtsmann in seinem „Julemandens Bog" (1898). Er lebt auf dem Nordpol: „… und nördlich
jeglicher Behausung, im ewigen Winter … So weit entfernt haust er,
dass selbst Fridtjof Nansen vergeblich nach dem Rauch seines Her-
des Ausschau gehalten hat." Völlig chancenlos ist auch Moes Gestalt im dänischen Weihnachten, wo ausschließlich der Nisse (siehe
dort) das Sagen hat, auch in den leibhaftig verkleideten in der Stadt,
die, den Handel zu beleben, Kinderanimation betreiben.

Zündhölzer – Tændstikker

Vor der Erfindung von Streichhölzern galt es, das Feuer von Herd
und Ofen über Nacht unter der Asche als Glut zu erhalten. Neues
Feuer zu schlagen mit Feuerstein, Eisen und Zunder war umständ-
lich. Nach Verwendung verschiedener anderer Materialien bestanden die ersten praktisch verwendbaren Zündhölzer aus einem
Holzstab, dessen Kopf als Brandsatz Phosphor und Schwefel enthielt und die als „Schwefelhölzer" erstmals 1835 in Wien fabrikmä-

ßig hergestellt wurden. Sie entzündeten sich bei Reibung an beliebiger Fläche und wurden wegen der Brandgefahr in vielen Ländern verboten, so 1874 in Dänemark. Gefährlich waren sie auch für die produzierenden Menschen, denen der weiße Phosphor dramatisch zusetzte, zumal die Zündhölzer ohne Lüftung und Sicherheitsvorkehrungen oftmals in Heimarbeit hergestellt wurden, in Deutschland etwa in Thüringen. Erst 1884 gab es in Deutschland staatliche Auflagen für den Umgang mit Phosphor. Dabei waren schon 1848 Sicherheitszündhölzer entwickelt worden, die ohne diesen Stoff auskamen und sich nicht selbst entzündeten, weil sie die chemische Reaktion in Zündkopf und Reibfläche trennten. Ihr Fabrikationszentrum war Schweden, genauer Jönköping, wo um 1900 täglich 50

Mio. Stück hergestellt und in die typischen kleinen Spanschachteln mit Schublade eingelegt wurden. Sie setzten sich in Dänemark eher durch als in Deutschland, wo man aus politischen Gründen zur Arbeitsbeschaffung die Heimarbeit zur Produktion der Schwefelhölzer weiter in Gang hielt.

Tordenskjolds Tændstikker, Spanschachtel um 1930

Solche altertümlichen Zünder sind es auch, die H. C. Andersen in seinem weihnachtlichen Märchen „Den lille pige med svovlstikkerne" von dem armen Kind im Straßenverkauf feilbieten lässt: „Ihre kleinen Hände waren vor Kälte fast ganz erstarrt. Ach! ein Schwefelhölzchen könnte gewiss recht gut tun; wenn sie nur wagen dürfte, eins aus dem Bunde herauszuziehen, es anzustreichen und die Finger daran zu wärmen. Sie zog eins heraus, ‚Ritsch!', wie sprühte es, wie brannte es! Es gab eine warme helle Flamme wie ein kleines Licht … Sie zündete ein neues an. Da saß sie unter dem schönsten Weihnachtsbaume. Der war noch größer und aufgeputzter als der, den sie zu Weihnachten durch die Glastür bei dem reichen Kaufmann erblickt hatte. Viel Tausend Lichter brannten an den grünen Zweigen …"

Essen und Trinken

Die Anlässe, zu Weihnachten auf dänische Art ausgiebig in angenehmer Gesellschaft zu essen und zu trinken, sind heutzutage: Mortensaften (St. Martin, siehe dort), „julefrokost", privat oder als Firmenfest, „lille juleaften", 23. 12. (siehe dort), „juleaften" (Weihnachtsabend, 24. 12) und „nytårsaften" (Neujahrsabend, der 31. 12.).

Julefrokost

„Frokost" ist das kalte, am Vormittag oder Mittag eingenommene Essen. Zu Weihnachten wird „julefrokost" in der Familie vormittags am 24. 12. eingenommen, als ausführliches Frühstück mit Brot und kleinen warmen Gerichten, Bier und Schnaps. Es entwickelt sich allerdings immer mehr zum Firmenfest vor Weihnachten, oft am letzten gemeinsamen Arbeitstag, entweder mit Umlage oder bezahlt von der Firma als Gratifikation.

Wichtig ist beim „julefrokost" die Auswahl der Gerichte, deren Einteilung in Gruppen bzw. Gänge und die Reihenfolge des Verzehrs, denn im Unterschied zum warmen Mittagessen teilt sich jeder alles selbst ein. Das Essen drängt sich in großer Opulenz als Augenschmaus alles auf einmal auf dem Tisch, idealerweise nicht wie bei einem Büffet irgendwo daneben zum Anstehen. Die Gänge stehen nicht flach nebeneinander, sondern sind gruppenweise in Etagen, wie eine Landschaft, aufgebaut. Den Gipfel bilden in Glasschalen Nachtisch und Obst. Wer die richtige Reihenfolge der Gruppen nicht einhält, macht sich gänzlich unmöglich.

Die erste Gruppe bildet der Fischgang. Damit beginnt man, und zwar vom kräftigeren Geschmack hin zum feineren, d. h. als Erstes die verschiedenen Sorten marinierten Herings und dazu halbe hart gekochte Eier und rohe Zwiebelringe. Dann Geräuchertes: Aal, Lachs und Forelle mit Rührei. Es folgen „rejer" (Krabben, lose mit Zitrone oder als Salat) und „jomfruhummerhaler" (Langusten). Als Erstes der „lune retter" (warme Gerichte) folgt ein gebratenes

Fischfilet (Scholle) mit Zitrone und Remoulade. Unterlage von allem: Schwarzbrot mit Butter.

Dann kommt der sozusagen „normale" Aufschnitt auf Schwarzbrot, nämlich: vor allem die Klassiker „rullepølse med løgringe", „flæskesteg med rødkål", „spegepølse", „salt kød" mit italienischem Salat. Davon essen die wenigsten viel, es sei denn, die „rullepølse" ist selbst gemacht oder von einem besonders berühmten Schlachter.

Der dritte Gang sind die „små lune retter", jeweils „med alt tilbehør": Leberpastete, „hjemmelavet leverpostej med sky" (Fleischkraft), und roten Beeten; Frikadellen mit Rotkohl; Hähnchenschenkel mit Erdbeerkonfitüre und Asien (Salzgurken); „mørbrad-skiver" (gescheibte, in Soße weich gekochte kleine Schweinefilets).

Der vierte Gang erfordert Weißbrot (franskbrød) und gehört bereits zu den Nachspeisen: „frugtsalat", wo eine Masse von Mayonnaise und geschlagener Sahne Früchte aller Art vereint, dekoriert mit halben Walnüssen und Maraschinokirschen.

Es folgt die Käseplatte, wobei der Blauschimmelkäse

„Julepostej"
(Leberpastete), 2002

obligat ist. Lang Gelagertes und kräftig Duftendes gibt es allerdings nicht, um all das andere nicht zu übertönen.

Den Abschluss bildet schließlich Obst. Aber davor kommt die Glasschale mit der Überraschung, die sich unter Schlagsahne verbirgt, wie Weincreme oder „citronfromage". Geradezu profan, aber nicht ausgeschlossen, ist „rødgrød" mit flüssiger Sahne.

Zwischen all diesen Gängen wird jeweils ein Schnaps getrunken, wobei der klare Aalborger (mit Kümmelextrakt) allem anderen vorgezogen wird. Einige „juleøl" pro Person heben ebenfalls die Stimmung. Wein, Likör oder derlei ist bei „julefrokost" ganz ausgeschlossen. Zu allerletzt eine Tasse (nicht mehr) starken Kaffee ohne Kleingebäck (en kop tør kaffe).

Im Schlachtmonat November wurde Fleisch aller Art eingesalzen, um den Wintervorrat zu bilden. Gesalzen wurde auch die zum Räuchern bestimmte Ware. Es waren nicht unbedingt die besten Tiere, die im Salzfass endeten. Oftmals bestand ein Großteil des Vorrates aus Fleisch der ältesten Kühe, die es nicht lohnte, mit dem kostbaren Futter über den Winter zu bringen.

Fester Bestandteil der Bewirtung war zu Weihnachten „saltmadsfadet", die Platte mit Salzfleisch aller Art, in der ganzen Weihnachtszeit zur freien Benützung aufgestellt und dem „plötzlichen Besuch" vorgesetzt (siehe auch Salz).

Eine besondere Attraktion bot das frische Fleisch der Schweine, später, näher zu Weihnachten hin, geschlachtet und möglichst fett, von Tieren, die sich an Eicheln im Wald satt gefressen hatten (oldensvin) oder in kleinem Verlies (egel) noch gemästet wurden. „Flæskesteg" (Schweinebraten) musste so fett wie möglich sein. Wie noch heute in England, war der Schweinekopf auf einer besonderen Platte ein Schaugericht, womöglich ein Überbleibsel aus vorchristlicher Zeit. Die heute obligatorische Weihnachtsgans (oder Ente) kam erst um 1850 in Mode. Zuvor hatte man sie nur auf den Gütern und in Adelskreisen gegessen, seit dem Mittelalter eine Übernahme aus Deutschland in Zusammenhang mit dem dortigen Martinsfest (siehe dort). 1866, im Jahr von Krohns „Peters Jul", ist im besseren Bürgertum die Gans ein Muss, auf dem Land gemästet, auf dem Markt gekauft:

Knud Larsen: Markt in Holbæk, 1889 (nach Lichtdruck)

Zum Markt die Magd ihn brachte, man lobte sein Gewicht
Im Innren Apfelfüllung, ein herrliches Gericht.
Zur Weihnachtsgans geworden, man in der Welt viel gilt,
Mama mit seinem Fette die große Kruke füllt.

Ein technisches Problem war die Zubereitung des Vogels. Gemauerter Herd oder Kochmaschine hatten oft zu kleine Bratröhren. Als nach 1900 die Wohnungen kleiner und moderner wurden, man mit Gas kochte, konnte der große Bratentopf, der für Schweinebraten ausreichte, nicht mehr mithalten. So sandte man den gefüllten Vogel zum Bäcker, der sich darauf spezialisiert hatte. Die festliche Gesellschaft wartete am Abend auf das Dienstmädchen, das die Gans in der Sudpfanne und das Fett in der Kanne zurückbrachte und noch schnell „brun sovs", die braune Soße mit der Fleischkraft, herstellen musste. Die Gans folgt auf die Reisgrütze (siehe dort):

Gänsekeule mit Papiermanschette

Erst Grütze essen wir von Reis.
Wer diesmal wohl die Mandel beißt?
Und drauf folgt Gänsebraten.
Im Gänserücken Dannebrog,
und auch Manschetten hat es doch
von Tannengrün umgarnet.

Papa die Gans anschneidet dann,
Er hebt mich hoch, ich sehen kann
die Zwetschgen satt darinnen.
Wir ziehen am Orakelbein
Und Marmelade süß und fein
bekomm ich beim Gewinnen.

Dann gibt es Wein in jedes Glas
Und Mama holt zum Naschen was
Und Süßigkeiten Speise.
Wir trinken auf das Wohl der Gans,
und Papa singt die Verse ganz
der muntren Weihnachtsweise.
(J. Krohn: „Peters Jul", 1866)

Puter – Kalkun

In vielen Familien ist man im kalorienbewussten Zeitalter von Gans auf Pute umgestiegen, deren gewaltige Porportionen sich für die kleiner gewordenen Familien noch weniger eignen. Folglich reagieren Züchter und Handel mit „Baby-Puter" oder zerlegten Tieren. Der Vogel stammte ursprünglich aus Südamerika: 1520 nach Spanien eingeführt, wird er bereits 1590 in England gehalten. Große Zuchten gibt es im 19. Jh. in Frankreich, Spanien, Mähren, Ungarn und Serbien. Populär wird der Vogel nach Vorbild der USA erst nach dem Zweiten Weltkrieg. Von Deutschland breitet sich die neue Fleischmode nach Dänemark aus, dort allerdings mehr für den Alltagsverzehr als für Weihnachtsbraten.

Fisch – Fisk

Die heute in Dänemark verbreitete Sitte, Weihnachten Gans und Neujahr Fisch zu essen (Dorsch), geht offenbar auf Gebote der katholischen Zeit zurück. Jeweils der Tag vor den großen kirchlichen Festen war dem Fasten gewidmet, was im Allgemeinen den Verzicht auf Fleisch zugunsten von Fisch bedeutete. So auch am Weihnachtsabend. Zu Fisch gab es süße Grütze, d. h. mit Milch gekochte. Das hielt sich noch über die Reformation hinaus. Mitunter zwängte man in Dänemark beides in einen Tag und aß mittags Fisch und abends Fleisch.
Der genossene Fisch war im Allgemeinen nicht fangfrisch oder wie heute aus der Tiefkühlung, sondern konserviert, d. h. gesalzen und getrocknet und vor dem Verzehr wieder eingeweicht. Man nahm meist Klippfisch, in Küstennähe wohl auch gesalzene und getrocknete Scholle. Diese so genannten „tørrede jyder" (getrocknete Jüten) kann man mitunter heute noch im Sommer in Vorgärten für den Wintervorrat an der Wäscheleine trocknen sehen.

Klippfisch – Klipfisk

Klippfisch aus Norwegen oder Island ist gesalzener und getrockneter Kabeljau. Eine Methode, die es erlaubte, Fisch über weite Strecken zu versenden. Bis heute sind katholische Länder Südeuropas die wichtigsten Abnehmer. So gelingt es denn heute am ehesten, in portugiesischen oder spanischen Läden Klippfisch zu erwerben, den man in Dänemark und Deutschland in Kaufmanns- oder Fischläden vergeblich sucht.

Haben wir eine „kravebryst" (Kragenbrust, wie der Klippfisch wegen seiner Form genannt wird) erworben, muss das Salz durch Einweichen in Wasser über Nacht herausgezogen werden. Dann in Stücke schneiden und eine Stunde in frischem Wasser kochen.

Serviert wird der Klippfisch mit Kartoffeln, zerlassener Butter und Senfsoße, aus grob geschrotetem Senf (Gewürzmühle oder dänischer „fiskesennep") in Mehlschwitze mit Zucker und einem kleinen Schuss Zitronensaft.

Salz - Salt

In weit größerem Maße und Mengen als heute vorstellbar, verbrauchte man in alter Zeit zum Konservieren Salz. Gutes Speisesalz war teuer. Das feinere bezog man in Dänemark über Jahrhunderte aus Lüneburg, gröberes (Baysalt) von der französischen Westküste. Schon im 16. Jh. wird von großen Flotten von Salzschiffen berichtet, die den Öresund durchfahren und jedes 6 Tonnen Salz als Zoll entrichten. Die salzigen Meere um Dänemark ermöglichen außerdem die heimische Salzgewinnung. Doch muss schon Mitte des 16. Jh. auf den adligen Gütern die Salzsiederei durch den König verboten werden, um den Rest der Wälder zu schonen. Im Krieg mit England (1807–14) war Dänemark freilich vom Handel abgeschnitten und man nahm die traditonelle Gewinnung wieder auf. Am einfachsten war die Salzgewinnung aus Tang. Salz direkt aus Meerwasser zu sieden lohnte sich erst, wenn man den Salzgehalt durch Verdunstung in flachen Holzbecken erhöhen konnte. Mancherorts luden Salzwiesen, wie auf der Insel Læsø, zu der lohnendsten Methode ein, Solebrunnen anzulegen, deren hoher Salzgehalt in Siedepfannen bestes Salz produzieren lässt, allerdings unter Opferung des Waldes als Brennmaterial, was im 17. und 18. Jh. zu verheerenden Sandverwehungen geführt hat.

Salzgewinnung in der Siedepfanne, Insel Læsø, Ostsee, Juni 2014

Über die mühelos zu servierenden „fertigen" Heringsmarinaden im Glas, wie Glyngøre, Abba und viele andere sie anbieten, ist in Vergessenheit geraten, dass sich solche eingelegten Heringe auch selbst herstellen lassen. Zur dänischen Weihnachtstraditon gehören die über Generationen weitergegebenen Rezepte für „julesild", den es außerhalb der Weihnachtszeit nicht gibt. Hier sind die „indlagte sild" meiner Großmutter aus Nordjütland, die möglicherweise Anleihen bei ihrer in Schweden geborenen Mutter gemacht hat, zu nennen.

Klassische Herings-marinaden, Firma Glyngøre, Werksfoto 2003

Heringe nach Jenny Sørensen: 4 ganze Salzheringe (gibt es noch auf dem Wochenmarkt) aus der Tonne werden einen Tag in kaltem Wasser entsalzt. Kopf, Finnen und Eingeweide entfernen, Haut abziehen (wenns nicht leicht geht, dranlassen). Fisch quer in 2–3 cm breite Scheiben zerteilen. Die Gräten halten alles zusammen und lassen sich nach einigen Tagen in der Marinade bei Verzehr leicht entfernen. Marinade: 1 l Wasser mit 1 Tasse Zucker aufkochen, dann $^1/_2$ l Essig hineingeben, dazu Wacholder, Senfkörner, Lorbeer, ganze schwarze Pfefferkörner, 5 Nelken, aufkochen und stehen lassen, bis die Marinade nur noch lauwarm ist. Reichlich rohe Zwiebeln in Scheiben und Heringstücke in die lauwarme Lauge geben, 2 Tage kalt, aber nicht im Eisschrank, stehen lassen, abgedeckt, aber mit einem Lüftungsloch. Haltbarkeit im Kühlen ca. 14 Tage. Nach einer Woche schmecken sie am besten. Mit Schwarzbrot und Butter sowie frischen Zwiebelringen servieren. Eventuell Garnierung mit dänischer Remoulade, in die wir etwas Honig einrühren, und einem Dillzweig.

Grünkohl – Grønkål

In Dänemark, den Herzogtümern und Teilen Norddeutschlands ist Grünkohl zur Winterzeit, besonders aber zu Weihnachten, ein traditionelles Gericht, das bis ins Mittelalter zurückreicht. Zum Küchengarten gesellte sich am Hof der Kohlgarten (kålhaven), beides in Regie der Bäuerin. Im Herbst grub sie die besten Kohlstöcke aus und setzte sie zur besseren Pflege neu zusammen. Das ganze Jahr über hatte es jede Woche Grünkohlsuppe gegeben. Aber wenn statt des Fisches am Heiligen Abend Grünkohl serviert werden sollte, wurde dieser nicht wie üblich zerhackt, sondern in ganzen Blättern (grønlangkål) gekocht, im Sud vom Fett des Winterspecks oder der Wurst. Zerschnitten wird erst danach. Unter Zufügung von Sahne entsteht das Gericht „Sønderjysk Grønkål". Dazu gab es gekochten fetten Speck und Wurst. Die heutige Luxusvariante geht so: Das Kochwasser wird mit Brühe gewürzt und nach dem Garen abgegossen, der Kohl ganz ausgepresst, zerteilt und Sahne eingerührt, ebenso Zucker. Dazu gibt es eine Fleischorgie, die an das alte „saltmadsfad" erinnert, nämlich „medisterpølse" (Bratwurst), „stegt flæsk" (gebratener Speck), „røget flæsk" (geräucherter Speck), „hamborgerryg" (Kassler) und hart gekochte Eier. Dazu süße Kartoffeln, die auf der Pfanne karamellisiert worden sind. Schnäpse sorgen dafür, dass das Ganze bleibt, wo es hingehört.

Grütze – Vandgrød, sødgrød og risengrød

Grütze war auch in Dänemark bis zum Ende des 19. Jh. auf dem Lande eines der Hauptnahrungsmittel. Alltags gab es „vandgrød" (Wassergütze) aus Hafer, Gerste oder Roggen. Bei festlichen Gelegenheiten wie Weihnachten kochte man „sødgrød" (süße Grütze) statt in Wasser in Milch. Die später, zuerst im besseren Bürgertum zu Weihnachten obligate „risengrød" (Reisgrütze) war und ist in Milch gekochter, geschälter Reis. Um 1900 waren die Reisimporte bereits sehr umfassend, der Preis gesunken, sodass auch die Landbevölkerung zu Weihnachten die Mode, „risengrød" zu essen, mitmachen konnte. Auch der Nisse, der, wie alle wussten, auf dem Dachboden des Hauses oder Hofes hauste, musste zu Weihnachten sein „grødfad", seine Grützschale, und „juleøl" haben, um nicht garstig zu werden.

Der Nisse an der Reisgrütze, Illustration von Vilhelm Pedersen, 1849 für H. C. Andersen: Nissen og Spækhøkeren

Am Weihnachtsabend diente die Reisgrütze der Grundsättigung, man brauchte dann weniger von der teuren Gans, die für die große bürgerliche Familie reichen musste, einschließlich Großeltern und angereisten Tanten. Auf dem Lande stand die große Grützschale in der Mitte des Tisches und jeder langte wie sonst mit dem Löffel hinein. In der Stadt hatte natürlich jeder einen Teller. Gewürzt wurde dann mit Zimt und Zucker und einem Butterklecks in der Mitte.

Seit den 1950er-Jahren ist „risengrød" durch eine feinere Variante ersetzt und vom Vorgericht zum Nachtisch als „ris à l'amande" veredelt worden. Übersetzt heißt das Mandelreis, ein Reisauflauf. Die Mandel, von der die Rede ist, hat sich nämlich als die Attraktion des „risengrød" nach hier verlagert. Die Grütze enthält eine Mandel, nur eine, versteht sich, und wer die hat, bekommt „mandelgaven", das Mandelgeschenk, meist ein Schweinchen aus Marzipan, vor hundert Jahren noch eine begehrte Seltenheit, die zwang, viel mehr Grütze zu essen, um die Chancen zu erhöhen. Diese Sitte hat ältere Ahnen, nämlich das in den Niederlanden und wahrscheinlich auch im Norden gefeierte Fest des Bohnenkönigs, eine Tradition zum Dreikönigsfest. Dort versteckte sich allerdings eine Bohne, nicht in der Grütze, sondern im Kuchen, ähnlich wie heute noch im englischen Plumpudding, wo die Überraschung einst aus einem Porzellanpüppchen bestand, das in Massen aus Thüringen importiert worden war. Der Bohnenkönig erhielt kein Geschenk, sondern Macht, nämlich für den Tag des Festes das Zeremonial-Kommando, wann was zu trinken sei, wie oft usw. Die Stimmung lässt sich aus dem bekannten Gemälde von Jordaens erahnen.

Citronfromage oder Appelsinfromage

Meine Großmutter bereitete dies stets, aber ausschließlich zum Weihnachtsabend. Es muss mit der Hand und einem Holzlöffel gerührt werden, und zwar nur rechts herum, sonst wird es nichts!
Für 6 Personen bei 1 Stunde Zubereitung

5 Eier, 125 g Zucker, $1^1/_2$ Zitrone (oder 1 Apfelsine und $^1/_2$ Zitrone), 7 Bl. Gelatine, 1 Tasse Wasser, 250 g geschlagene Sahne

Eier trennen, Eiweiß schlagen. Eigelbe und Zucker verrühren, bis sie weiß sind und es nicht mehr knirscht. Den Zitronensaft/Apfelsinensaft und die in warmem Wasser gelöste Gelatine dazugeben. Eischnee und die Hälfte der Schlagsahne sofort unterheben und in eine Glasschale gießen. Sanft abkühlen, niemals im Kühlschrank. Vor dem Servieren mit der restlichen Sahne abdecken. Dazu gibt es Portwein, besser aber Malaga, den mein Großvater nur für dieses Gericht besorgte.

Kongelig Dessert

Wer möchte nicht wie der König speisen?

Für 6 Personen bei 1 Stunde Zubereitung

30 große getrocknete Zwetschgen (heute kalifornische steinlose Backpflaumen), Vanillepudding für $^1/_2$ l Milch (per Hand oder aus Pulver), Portwein, 250 g Makronen, $^1/_2$ l Schlagsahne

Zwetschgen je nach Trocknungsgrad kürzer oder länger in warmem Wasser einweichen, 10 Min. kochen, erkalten lassen, als erste Schicht auf den Boden der großen Glasschale geben. Darauf eine Schicht Makronen, reichlich mit Portwein beträufeln. Darüber eine Lage Vanillepudding, dann eine zweite Schicht Makronen (ohne Portwein). Mindestens 1 Std. stehen lassen, bis das Dessert erkaltet ist. Dann mit Schlagsahne abdecken. Dazu Portwein servieren.

Brot ~ Brød

Die weihnachtliche Bäckerei war besonders auf dem Lande eine der wichtigsten Vorbereitungen auf das Fest. Gebacken wurde wie in Deutschland in gemauerten Öfen in der Nachwärme des heißen Steins. Auch das als „julekage" bezeichnete Gebäck ist im Allgemeinen Brot, das sich allerdings durch feineres, gesiebtes Mehl, Ausformung zur Figur oder Verzierung der Oberfläche vom alltäglichen Brot unterscheidet. Ein Teil der Brote wird als Geschenk an die Knechte und Mägde des Hofes hergestellt, als traditioneller Naturalteil ihres Jahreslohnes. Brote bekommen auch die Dienstleistenden in der Gemeinde, wie der Glöckner oder die Hebamme, manchmal auch der Schulmeister. Die Größe der Brote ist oft enorm, bis zu 24 Pfund. Für das Beschenken der Armen bäckt man einen Vorrat kleinerer Brote.

Eine besondere Rolle für die Fruchtbarkeit des Hofes spielte ein großes, kreisrundes Brot, das wie ein Schaugericht unangetastet in der Stube die ganze Weihnachtszeit überstand und, wie man glaubte, dabei möglichst viel desweihnachtlichen Segens einsog wie ein Schwamm. Nach den Festtagen wurde es in den Stall gebracht und brockenweise an Mensch und Tier verteilt – sehr zum Schrecken der Pastoren leider auch beim Pflügen im Frühjahr in den Boden eingearbeitet, um so die Kraft des heiligsten aller Feste dem Boden mitzuteilen und in Fruchtbarkeit für die neue Ackersaison umzumünzen.

„Julekage" (Weihnachtskuchen) jedoch, wie es ihn am „lille juleaften" und weiter bis Neujahr gab, war wohl eher auf die Stadt beschränkt und ein echter Hefekuchen mit Kostbarkeiten an Zutaten darin, wie Rosinen, Orangeat, Butter usw., und vor allem aus Weizenmehl.

Dies ist auch der Kuchen, den der Berufsbäcker als „gærkage" (Hefekuchen) bäckt und der vorbestellt werden muss.

100

Das Kinderlied singt:

Der bor en bager	Da wohnt der Bäcker,
I Nørregade	komm, wir versuchen
Han bager kringler og julekage,	zu holen Kringel und Weihnachtskuchen.
Og har du penge, så kan du få,	Und wenn du Geld hast, nimm sie mit heim,
Men har du ingen, så må du gå.	doch hast du keines, dann sagt er nein!

Kuchen und Kleingebäck – Kager og Småkager

„Småkager", das typische Kleingebäck, das in dänischer Tradition einen ganz eigenen Charakter hat, ist ein ausgesprochenes Phänomen der Stadt und vor 1950 kein Produkt professioneller Bäcker. „Småkager" waren weihnachtlicher Luxus. Verschiedenste Varianten wurden privat gebacken und in Blechdosen zwischen Pergamentpapier weit ins Jahr hinein gehütet, in sparsamer Stückzahl den Gästen zum Kaffee gereicht, bis die Butter darin anfing, ranzig zu werden, so cirka im Mai. Fabriken wie Kjeldsens Småkager in Nørresnede haben dann seit Mitte der 1950er-Jahre mit gedosten „småkager" die Saison auf das ganze Jahr ausgedehnt. Als Beilage zum Kaffee, der nach 1800 in Dänemark zum Nationalgetränk wurde, sind „småkager" immer mit dem Prestige der Hausfrau verbunden gewesen. Technische Voraussetzung war der eigene Herd bzw. die Kochmaschine (komfur). Darin entstehen „vanillekrandse" und all die mit Stechformen gestanzten Sterne, Herzen usw. sowie „brune kager".

Einige Sorten brauchen keine Backröhre, da sie in Fett ausgebacken werden oder auf der Pfanne bzw. im Formeisen entstehen, so

Brune kager
(braune Kuchen)

101

„pebernødder" (Pfeffernüsse) und „æbleskiver" (Pförtchen). Pfeffernüsse sind gebackene Nussimitationen. Seit 1500 ein Begriff, werden sie gern an verschiedene Türbettler verteilt oder bei den Weihnachtsspielen als Spielgeld eingesetzt. Ohne Backofen entstehen auch die „klejner" (Schleifen), ausgebacken in gesalzenem Fett oder heute in Palmin.

Æbleskiver (Pförtchen)

Die auf bäuerlichem Herd benutzte irdene Pfanne ist seit 1890 in der Stadt durch Gusseisen ersetzt. Alte „æbleskivepander" kann man auf Flohmärkten erwerben. Die innen emaillierten sind am besten.

Rezept nach Louise Nimb, Kopenhagen 1888

Æbleskiver mit Erdbeermarmelade

1 Pfund Mehl, 1 Essl. Zucker, Kardamompulver, $\frac{1}{2}$ l Milch, $\frac{1}{4}$ l Sahne, 3 Eier, 1 Würfel Hefe, 1 Prise Salz, 400 g Butter. Als Beilage Apfelmus oder Erdbeermarmelade.

Eier trennen. In die lauwarme Milch Mehl, Zucker, Salz, Eigelb, Sahne und Hefe einrühren. 1 Stunde oder länger gehen lassen. Eischnee herstellen und unterheben. Pfanne mit Fett und Salz ausreiben. Heiß werden lassen. Mulden mit Butter auspinseln. Jede mit Teig halb füllen. Solange die Mitte jeweils noch flüssig, unten aber ausgebacken ist, mit der Gabel umdrehen. Der Teig läuft dann in die untere Hälfte. Falls es klebt: Pfanne noch einmal ausreiben und Teig mit einem Schluck Bier verdünnen.
„Æbleskiver" werden mit der Hand gegessen und dabei in Zucker und Erdbeermarmelade getunkt.

Klejner (Schleifen, Räderkuchen)

Der Name leitet sich vom Deutschen ab. Dies Fettgebackene ist seit dem Mittelalter in Dänemark bekannt.

Nach Frøken Jensen, 1901

500 g Weizenmehl, 150 g Zucker, 150 g Butter, 3 Essl. Sahne, 3 Eier, evtl. 1 Prise Salz, 1 Messerspitze Kardamom, geriebene Zitronenschale, 1 Messerspitze Hirschhornsalz (oder 1 Päckchen Backpulver)

Zucker, Butter, Eier und Gewürze zu zäher Masse rühren. Dann Sahne und Mehl hinzugeben. 1 Stunde stehen lassen. Dünn ausrollen. Mit dem Kuchenrad in Salmis teilen (ca. 8 x 3 cm). In jedes Feld einen Längsschlitz radeln. Eine der langen Spitzen hier hindurchziehen. Es entsteht ein „Knoten". Palmin zum Kochen bringen (Stufe 2), Teigstücke mit dem Lochlöffel hineingeben. Nicht mehr als fünf auf einmal. Mit einer Stricknadel einzeln herausnehmen. Auf saugendem Papier (Küchenrolle) abtropfen lassen.

Vanillekranse (Vanillekränze)

Ein absolutes Muss in jeder Keksdose.

Kleingebäck nach Frøken Jensens Kogebog, 1901

500 g Weizenmehl, 375 g Butter, 250 g Zucker, 125 g Mandeln (fein gemahlen oder im Mörser zerstoßen), 1 Ei, 1 Stange Vanille, 1 Messerspitze Hirschhornsalz (oder 1 Tüte Backpulver)

Alle Zutaten zusammenrühren und gründlich kneten. 1 Std. ruhen lassen. Mit einer Sahnespritze (Zackenvorsatz) oder Kuchenspritze direkt auf das gemehlte Backblech kleine Kränze von 5 cm Durchmesser spritzen. Im vorgewärmten Ofen bei 180° C ca. 12–15 Min. (Die Vanillekränze müssen hell bleiben).

Specier (Spezien-Taler)

Nach Frøken Jensen, 1901

500 g Weizenmehl, 250 g Butter, 250 g Puderzucker, 1 Ei, 1 Messerspitze Kardamom, ¼ Teelöffel Hirschhornsalz (oder 1 Tüte Backpulver)

Alle Zutaten in Wasser zum Teig kneten. Einen Tag ruhen lassen. Zu Stangen von ca. 3–4 cm Durchmesser ausrollen. Davon dünne Scheiben direkt auf das Blech abschneiden. Ofen vorwärmen. Bei 180° C 12–15 Min. backen, bis die Taler hellbraun sind.

Weihnachtsbier, Juleøl, Kongens Bryghus, um 1950.
Glas: Holmegård

Bier - Øl

Ströme von Bier waren seit vorchristlicher Zeit und bis ins 16. Jh. so eng mit dem Weihnachtsfest verbunden, dass man geradezu beide gleichsetzte, „drikke jul". Bis vor 100 Jahren braute man in Dänemark auf jedem Hof sein eigenes Bier, zu den Festtagen aber stärker, mit reichlich Malz und Honig für „juletønden", die Weihnachtstonne. Juleøl, wie es die Brauereien lieferten, ist bis heute ein dunkles Malzbier (hvidtøl). Man trank es früher leicht angewärmt zur „risengrød". Heute freilich ist es meist zum Kindergetränk geworden. Die Brauereien setzen nun auf Weihnachtsbier vom Bockbiertyp. Das „juleøl" ist mit besonderem Etikett versehen, das meist jährlich wechselt.

Schnaps, Branntwein – Snaps, Brændevin

Vor dem Siegeszug des Kaffees, der von den Städten ausgehend seit 1800 zunehmend die Trinksitten veränderte, bekam man auf dem Lande zur Weihnachtszeit neben der Platte mit Salzfleisch obligatorisch „brændevin" vorgesetzt. Vor der Branntweinsteuer von 1887 war dieser sehr billig, der Branntweinkonsum in Dänemark noch um 1900 am höchsten von allen europäischen Staaten, nämlich pro Jahr 13 Liter (gerechnet

Jahresflaschen, Schnaps, De danske Spritfabrikker und Holmegaard Glasværk

auf 50 % Alkohol) je Person. In Deutschland lag der Verbrauch gleichzeitig bei 9 Litern. Dazu trank jeder Däne 40 Liter Bier (des neuen bairischen Typs der Brauereien), aber nur 1 Liter Wein! Besondere Qualität haben traditionell die Produkte der Danske Spritfabrikker, deren Exporte auch in Deutschland ein Begriff geworden sind: Alborg Akvavit und Jubileums-akvavit, Ersterer klar mit Kümmelwürze, der „Jubi" (so nur in Deutschland genannt) mit Dill. Beide sind durch die Kräuterauszüge gute Fettverteiler. Seit einigen Jahren geben die Spritfabrikker eine Jahresflasche mit „Julesnaps" heraus. Alle vier Jahre wechselt die Flaschenform, die alten dänischen Flaschen angelehnt ist. Die Flaschen werden bei Holmegaard hergestellt und begeistert gesammelt.

Kaffee

Seit 1800 entwickelte sich der Kaffee in Dänemark immer mehr zum Kultgetränk, eine Stadtmode, der sich das Land auch anschloss, trotz der hohen Preise. Diesen begegnete man schon vor 1800 mit Ersatz aus Zichorie. Mehrere Hersteller dieses Streckungsmittels produzierten in Altona. Der herkömmliche Schnaps ließ sich als Kaffeepunsch wunderbar mit der Neuerung verbinden. Als Beilage entstand das Kleingebäck, meist als typische Weihnachtsbäckerei. Gekocht wurde der selbst gebrannte und zerstoßene Kaffee im Wasserkessel, dessen Satz man jeweils mit wenig neuem Kaffee anreicherte. Seit 1879 lieferte jedoch die legendäre Fabrik Glud & Marstrand nicht nur Küchengerät aller Art, sondern auch die blaue dänische Kaffeekanne, die über ein Jahrhundert als „Madam Blå" der Inbegriff dänischer Kultur war. Sie enthielt als Filter einen Stoffbeutel, „kaffepose". Im Alltag wurde direkt daraus eingegossen, bei Besuch in die „königliche Kanne" aus Porzellan umgefüllt.

Dänischer Klassiker: „Madam Blå", Email über Blech, Glud & Marstrand um 1925

Glögg

In den meisten Familien ist Glögg zu Neujahrsabend unverzichtbar. Nach schwedischem Vorbild trinken ihn die Dänen erst seit den 1950er-Jahren. Glögg heißt eigentlich „glödjad dryck", also geglühtes Getränk, ähnlich wie die deutsche Feuerzangenbowle und beide mit demselben französischen Ahnen „brûlot". Ist heute die Basis Rotwein, waren es um die Mitte des 19. Jh. in Schweden Cognac und Arrak, die beide im Zucker abgebrannt wurden.

Folgende Mischung hat sich bei meinen Gästen bewährt:
1 l Rotwein (trocken), 1 l Wasser, 1 Pfund Zucker, 1 Tasse Rosinen (ungeschwefelt), 3 Zitronen, 2 Stangen Zimt, 10 Nelken, 5 Früchte Kardamom, 1 Tasse Mandeln (geschält), 1 Tasse Rum, 1 Tasse Arrak. Wasser mit Zucker und Gewürzen (im Leinenbeutel) 30 Min. leicht kochen. Rosinen, Mandeln, Saft, Rotwein dazugeben und 5 Min. leicht köcheln lassen. Rum und Arrak hinzugeben. Weitere 5 Minuten köcheln lassen. Jede Portion mit Löffel und einigen Rosinen und Mandeln servieren. Von mehr als zwei Bechern wird abgeraten.
Tipp zur Schadensbegrenzung: Rotwein zur Hälfte mit Früchtetee oder Fliederbeersaft ersetzen. Arrak weglassen. Rum 10 Min. mitkochen.

Weiterführende Literatur

Abrahamsen, Povl: Jul i gamle dage. København 1982

Beskow, Elsa: Pers og Lottes jul. København 1963

Borchers, Elisabeth: Das Weihnachtsbuch. Frankfurt a. M. 1973

Bregenhøj, Carsten: Helligtrekongersløb på Agersø. København 1974

Bringeus, Nils-Arvid: Årets festseder. Stockholm 1976

Brønderslev, Orla: Juleklip og Nisseskæg. København 1962

Cassel, Paulus: Weihnachten – Ursprung, Bräuche und Aberglauben. Berlin o. J. (1862) (Repr.,Walluf 1973)

Celander, Hildung: Nordisk jul , Bd. I. Stockholm 1928

Christensen, Erik M.: En fortolkning af „Højt fra Træets grønne Top". København 1969

Clausen, Julius und Torben Krogh (ed.): Danmark i Fest og Glæde, Bd. II, København 1935, S. 80–83 (Julen)

Dahlerup, B.: 18 billeder danske juleskikke, ed.: F. Petersens Papirhandel

Dörr, Friedrich: Christabend. Halle 1856

Elander, Hilding: Stjärngossarna. Stockholm 1950

Ellekilde, Hans: Vor danske Jul gennem Tiderne. København 1943

Ellekilde, Hans: Danske Højtidsskikke. København 1943

Elm, Hugo: Das goldene Weihnachtsbuch. Halle 1878

Erslev, Anna: Illustreret Legebog. København 1904 (Repr. 1976)

Eskeröd, Albert: Årets fester. Stockholm 1953

Eversberg, Gerd: Theodor Storms Weihnachten. Husum 1993

Feilberg, H. F.: Jul, I, II.København 1904 (Repr. 1962)

Feilberg, H. F.: Nissens historie. København 1919 (Repr. 1979)

Frydendahl, Bo und Jes L. Knudsen: Julehjerter i finurlige former. Aalborg 1998

Handelmann, Heinrich: Weihnachten in Schleswig-Holstein. Kiel 1866

Haslund-Christensen, Louise (red.): H. C. Andersens store julebog. Kbh. 2001

Heft, Tage: Danske Sæder og Skikke, Bd. II, København 1943, S. 465–476

Hinrichsen, Torkild: Weihnachten in Norddeutschland. Ein Bild-Abc zu alten lieben Geheimnissen. Husum 1999

Hinrichsen, Torkild: Das gläserne Paradies. Hamburg 1996

Hinrichsen, Torkild: Dänische Spezialitäten – Danske Specialiteter, Husum 2012

Hinrichsen, Torkild: Spielzeug zum Staunen. Schätze im Weihnachtsparadies. Husum 2002

Hinrichsen, Torkild: Lille verden så stor. Kleine Welt ganz groß. Husum 2003

Hoffmann, Hans: Die Heiligen Drei Könige. Bonn 1975

Holbæk, Bengt und Jørn Piø: Fabeldyr og sagnfolk. København 1967

Højrup, Ole: Landbokvinden. København 1964

Huth, Otto: Der Lichterbaum. Berlin 3/1943

Internet Arkivets historiske Julesider (www.sa.dk/lak/saxo/jul)

Jaacks, Gisela und Nina Gockerell: Weihnachtliche Bräuche in Hamburg und Norddeutschland, in München und in Oberbayern. München 1985

Jul i Danmark. Internettjenesten; 1997–2002 (www.jul.i.danmark.dk)

Knudsen, Jes Lottrup: Julehjerter. København 1975

Krohn, Johan: Peters Jul. Zeichnungen von Pietro Krohn. Köbenhavn 1866/1870. 9. Ausgabe, 5. Aufl. København 1999

Lauffer, Otto: Der Weihnachtsbaum in Glaube und Brauch. Berlin/Leipzig 1934

Lebech, Mogens: Julemanden. København 1962

Lebech, Mogens: Julenissen. København 2/1966

Lebech-Sørensen, Anna Maria: Hvem var det der dansede om juletræet i Højt fra Træets grønne Top? In: Den gamle By: Jul i Gammelby. Århus 1987

Mantel, Kurt: Geschichte des Weihnachtsbaumes …, Hannover 1975

Meyer, Arnold: Das Weihnachtsfest, seine Entstehung. Tübingen 1913

Møller, J. S.: Fester og Højtider i gamle Dage, Bd. II, Årets fester. Holbæk 1933

Olsson, Marianne: Julen för 100 år sedan. Göteborg 1964

Paludan, Lis: Bo bedres Jule-Idébog. København 1971

Piø, Jørn: Den lille overtro. København 1973

Piø, Jørn: Julens Hvem Hvad Hvor. København 1977

Piø, Jørn: Historien om julemanden. København 1989

Piø, Jørn: Nissen. København 1980

Piø, Jørn: Bogen om julen. Historien om julen og dens tradition. (Sesam), o. O. 1990

Rehnberg, Mats: Ljusen på gravarna och andra ljusseder. Stockholm 1965

Rietschel, Georg: Weihnachten. Bielefeld u. Leipzig 1902

Ruland, Josef: Weihnachten in Deutschland. Bonn 1978

Schmidt, August F.: Mærkedage og Vejrregler. Braband 1963

Selk, Paul: Mittwinter und Weihnachten in Schleswig-Holstein. Heide 1976

Skriver, Carl Anders: Der Weihnachtsbaum. München 1966

Slot-Henriksen, Rolf: Advent. – Adventskrands. – Adventsskik. – Alle Engles dag. – Hellig 3 Konger. – Lille juleaften. – Juleaften. – St. Knuds dag. – Luciadag. – Mikkelsaften, Mikkelsdag. – St. Nikolausdag. – Nytårs-Dag. – Vintersolhverv. in: Foreningen til værn om dansk kultur og identitet: www.danskkultur.dk

Slot-Henriksen, Rolf, u. a.: Det kimer nu til julefest. Sange og skikke fra Advent til Hellig 3 Konger. Foreningen Dansk Kulturs traditonsudvalg (ed.).Vejle o.J.

Spamer, Adolf: Weihnachten in alter und in neuer Zeit. Jena 1937

Steenberg, Axel (ed.): Dagligliv i Danmark (1620–1969). København 1963–71

Svendrup, Torben: Julen. Træk af højtidens historie. København 1993

Thuner, O. E.: Dansk Salme-Leksikon. København 1930

Tromholt, Sophus: Hvorledes man pynter et Juletræ. In: Illustreret Tidende for Børn. 6. Jahrg. Kristiania 1891, S. 40–47

Tvermose Thyregod, S.: Danmarks Sanglege. København 1831

Weber-Kellermann, Ingeborg: Das Weihnachtsfest. Luzern/Frankfurt a. M. 1978

Weber- Kellermann, Ingeborg: Die Familie. Frankfurt a. M. 1976

Weber-Kellermann, Ingeborg: Die Kindheit. Frankfurt a. M. 1979

Inhaltsverzeichnis

Essen und Trinken

Zum Weihnachtsfest

Torkild Hinrichsen,
Im Schatten des Glanzes
Das Weihnachtsfest der Weihnachtslosen

107 Seiten, zahlreiche farbige Abbildungen und historische Grafiken, broschiert

(ISBN 978-3-89876-576-3)

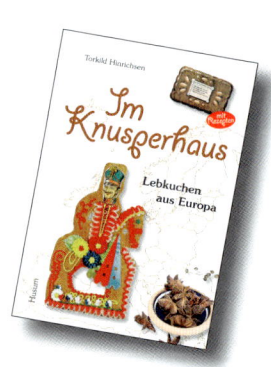

Torkild Hinrichsen,
Im Knusperhaus
Lebkuchen aus Europa

95 Seiten, zahlreiche farbige Abbildungen, broschiert

(ISBN 978-3-89876-420-9)

Torkild Hinrichsen,
Marzipan
Das Brot der Engel

Unter Mitarbeit von Alix Paulsen, Weihnachtshaus Husum

111 Seiten, zahlreiche farbige Abbildungen, broschiert

(ISBN 978-3-89876-620-3)

Husum Druck- und Verlagsgesellschaft
Postfach 1480 · D-25804 Husum · www.verlagsgruppe.de